J・S・ミル社会主義論の展開

——所有と制度、そして現代——

J・S・ミル社会主義論の展開

——所有と制度、そして現代——

安井俊一

御茶の水書房

J・S・ミル社会主義論の展開　目次

目次

J・S・ミル社会主義論の展開

——所有と制度、そして現代——

一　今なぜミルなのか？

第二次大戦後、世界の人びとは米ソ冷戦体制の下で核戦争の現実性に直面した。人びとは米ソ対立の背景にある資本主義か社会主義かという経済体制の問題を真剣に考えた。今の北朝鮮問題の起源は朝鮮戦争であり、朝鮮戦争の背景には体制をめぐるイデオロギーの対立があった。だが一九八九年にベルリンの壁が、そしてその二年後にソ連が崩壊して冷戦の緊張が解けると、多くの人びとは世界が自由主義と市場経済を基礎とする体制のもとで平和な日々が続くことを期待した。一部の思想家は、リベラルな民主主義が共産主義というイデオロギーを打ち破ったことによってイデオロギーの対立する歴史は終わり、人類はヘーゲルのいう人類のあこがれを満たすような社会情勢のもとで、歴史の根底をなす原理や制度にはもはや発展することのない退屈な日々を送ることになるであろうと予想した。しかしながら、冷戦の危機が去り、資本主義か社会主義かという問題が議論されなくなっても経済体制の問題が消滅したわけではない。その後九〇年代以降の世界は、グローバル化が進展する中で、国内外の所得格差の拡大、経済活動を優先することによる自然環境破壊、地球温暖化、地球規模の人口問題、リーマンショックと国際金融危機、テロと対テロ戦争、減ることのない難民、核拡散と世界的な軍備費増大など、資本の論理と制度に関わる矛盾が露呈する一方で、一部の社会主義国にみられる中央集権と官僚の腐敗、人間の自由の抑圧、人権侵害など、一党独裁のもたらす制度問題がおおきな影響をおよぼしている。これらの問題の解決が緊急性を要するものを含むだけでなく、人類はその持続可能性に疑問がもたれるような歴史的推移を辿っている。

資本主義か社会主義かという問題は、所有と制度の問題、すなわち私有と共有のいずれを基礎とする制度が人類に幸福をもたらすかという問題にかかわる。この問題を社会改革の課題とした思想家の中でJ・S・ミル（John Stuart Mill, 1806-73）とマルクス（Karl Marx, 1818-83）は、時代（一九世紀中葉）と場所（ロンドン）を同じくして人間の自由を目指してこの問題に取り組んだ。二人は資本主義の成長期にその本質と矛盾を見抜いて問題の解決を図った。しかし両者の思想と改革の構想は著しく異なる。「今なぜミルなのか？」という問いを、ミルとマルクスの思想との対比においてみることにしよう。歴史的にみれば、ミルに比べてマルクスの思想が後世に与えた影響は大きかった。唯物史観を導きの糸とし経済学を社会分析の武器として国際労働者協会（第一インターナショナル）の理論的指導を行ったマルクスの思想は、資本主義の崩壊と共産主義への歴史的移行を予見して社会科学と政治の分野で影響をおよぼした。マルクス・レーニン主義はロシア革命の指導理念となり二〇世紀の世界の体制を二分する流れの源流をなしたのである。我が国においては、哲学と社会科学の分野で研究を深めたマルクス学派は二〇世紀後半の学界で一大勢力を築いた。しかしながら、マルクス以後の歴史社会はマルクス主義による改革の筋書き通りに推移しているわけではない。世界はむしろ、社会主義国や発展途上にある独裁国家を除いて、ミルのいう多様性に富む自由主義への傾向を強める国が大勢をしめている。一体なぜなのだろうか？

ミルは市場競争と私有財産制度を基礎とする社会と理想的な共産主義社会を両極において、その中間的な制度を含めて、いかなる体制が人間の幸福をもたらすのかを探究した。ミルは理想の体制を具体的に示すことはせずに、それを人びとが置かれた時代と国と環境にふさわしい体制を選択する問題であるとし、体制選択の鍵を人間の自由と自発性を最大限に発揮することができる制度であるのかどうかとした。そしてミルは体制を選択する人民の知的道徳的な水準が向上することなしには、制度の改良は困難であるとし、体制の選択もイデオロギーではなく実験や経験による科学的な判断をもとにすることを主張した。ミルはロシア革命がおきる半世紀前に、共産主義において人間の自由が失われることを懸念するとともに、人びとの知的道徳的水準に見合わない過激な体制変革がなされた場合、その体制はいずれ瓦解するであろうと述べた。ミルの思想には革命的な体制移行とその行方、そして資本主義の永続性を予見していたともとれる先見性があった。

このようなミルの思想を当時のマルクス主義者は目の敵にした。共産主義革命を目指す第一インターナショナルの運動家たちにとって、イギリスの労働組合の幹部に影響力のある穏健で折衷的なミルの思想は、障害以外の何ものでもなかった。シュンペーターは、このようなミルとマルクスの思想を対比することの重要性を認め、『経済分析の歴史』でミルとマルクスをめぐる当時の事情を次のように語っている。シュンペーターによれば、大衆の窮乏が不可避的に増大し革命を使命とする社会主義者にとって、優柔不断なミルの思想はもっとも排除すべき敵に思われた。誠実に真理を展開するミルの思想を批判するマルクスのミル批判は、両者の思想の際立つ対照を示し、ミルの思想の本質をついているという。

ミルは天才的な思想家であり、この「誠実に真理を展開するミルの思想」には多様性とともに先見性がある。明治の先覚者 福澤諭吉はミルの思想に注目した（『文明論之概略』）。福澤は、『自由論』（1859）、「功利主義」（1861）、『経済学原理』（1848）、「女性の隷従」（1869）などを読み、ミルの思想の理解を深めた。西欧文明から日本に不足するものを学ぼうという福澤にとって、人間と社会の在り方、資本主義の真実とその功罪を問い将来を見据えるミルは、取り上げるべき恰好の見本を示す思想家として、福澤の関心をよんだものと推定される。ミルは『経済学原理』第4編「定常状態論」では、アメリカの資本主義を念頭において、経済成長による富の増加に過大な期待をよせる思想を諌め、人間性の向上および自然と人間の調和による幸福の増進を主張した。先進工業国はいずれ低成長から定常状態に陥るのであるから、経済成長主義と出世主義を改め、適切な成長による自然環境の保護に留意しようという主張は自然環境保護の先駆的理論として評価される。ミルの思想の先見性はこればかりでなく、「文明論」（1836）における中間層の活力の富への集中と商業主義による道徳の腐敗、『自由論』第三・四章における人間の個性と自発性の尊重、民主主義における多数の専制、民衆の画一化の問題は大衆社会論の先がけとみられる。そして遺稿「社会主義論」（1879，以下「遺稿」という）第四章における専制あるいは中央集権批判や

『自由論』第五章における官僚制批判は極めて現代的な体制の課題と重なるのである。

我々が歴史から学ぶものは少なくない。我々はミルとマルクスの時代から一世紀半を経過し、ロシア革命（一九一七年）とソヴィエト体制の崩壊（一九九一年）という二つの体制移行、およびその後の新自由主義による可能な限りの規制緩和のもたらす帰結という歴史的推移を経験した。ミルが重視した社会的実験の一部を我々が経験したことになる。ミルは所有と制度の問題を人類の歴史の根底にあると考え総合的にその原理を明らかにしている。我々がこのような歴史的経験をふまえて、多様性と先見性に富むミルの思想を問い直すことは、混沌として不安定な現代社会の見方を整理し今後の在り方に示唆するものがありうるのである。

二　ミル以前の所有の思想

所有と制度の問題は、今から二千年以上も前にギリシャの哲学者プラトンとアリストテレスが提起した問題である。プラトン（Plátōn, 紀元前428/427-348/347）は人間の幸福を増進する理想の国家がいかなるものかを問い、『国家』を著して哲学者による統治を説いた。プラトンは私有財産制度が、人間、とくに社会全体の利益にかかわる問題を扱う為政者の私利私欲を刺激するからよくないとして共産主義の思想を唱えた。彼は当時のアテナイで徳性を失い堕落していた統治階級を諌めて、統治者には私有財産を所有させず家族を持たせないことを主張した。財産は厄介の種であるので、政治家や軍人が私利私欲を離れて公共の仕事に没頭するように、財産をもたせてはならない。プラトンは、人びとが公共精神に富み、階級闘争をおこさず、海外への冒険に興味を持たないような社会秩序の設計を試み、統治する人びとの徳性に期待した。政治と金をめぐる問題は今の日本でも後をたたず、古くて新しい問題なのである。

財産の共有制による人間の幸福の増進を説いたプラトンに対して、アリストテレス（Aristotelēs, 前384-322）はプラトンを批判し財産の私的所有の有用性を主張する。アリストテレスは『政治学』で農業における土地の私的所有と中間層の市民の徳によってポリスが安定すると説いた。彼は通商や金儲けよりも農業における土地の私的所有の方が、自然の吝嗇により人間に節制の徳を教えてくれる。そして農業は、自然を開発し自然を利用する創造に関わるから人間の創造の知恵が働く。土地所有による自然の開発は、人間に節制の徳と創造の知恵ばかりでなく正義と中庸、立法と遵法を教える。もし富が偏在して社会に貧富の格差が生じたならば、富を再分配して富める人びとと貧しい人びとの富への誘惑を無害化するように、中間層を増やせばよい。中間層の人びとは穏健であり、極端な革命を嫌うのでポリスの安定が期待できるというのである。

このようにギリシャの哲学者の提起した所有と制度の問題は、歴史社会の根底に流れる問題として、ロックとルソーの対立する思想をはじめとする後世の思想家たちの課題となった。精神史観によって歴史を読むミルは、歴史の流れの背景に思想の流れをみる。この思想の流れがミルの社会主義論の背景にあるので、中世からベンサムに至る所有と制度をめぐる議論を一瞥することにしよう。

キリスト教と封建制の支配する中世ヨーロッパでは、財産の所有の問題は人間の倫理と生活の規準を決める神の法と、人間が神の法を理性によって認識する自然法によっていかに解釈されるかが問われる。一三世紀にギリシャとアラビアの未知の膨大な文献がヨーロッパに流入し、教会や大学で営まれる神学や（スコラ）哲学は、ギリシャとアラビアの知的遺産に大きな刺激をうけた。その結果、学問の世界ではアリストテレス哲学を受容しつつキリスト教の教説と調和的なものにしようとする志向が生まれる。トマス・アクィナス（Thomas Aquinas, 1225頃―1274）は『神学大全』で、人間は本来平等であり、自然法によれば財産所有の区別は存在しない（つまり財産共有である）が、人間の理性によって自然法を現実の社会に適用する実定法によって私有財産制度が自然法に加えられた。従って私有財産制度は神の法に反せずに認められるというのである。

近代社会が成立するまでの過渡期におきたルネッサンスと宗教改革は人びとのそれまでの考え方に大きな転機をもたらした。一六世紀のマキャヴェリ、トマス・モア、ジャン・ボダンという三人の思想家の所有に関する主張をみることにしよう。

マキャヴェリ（Niccolò Machiavelli, 1469-1527）はキリスト教抜きの近代社会の共和主義を描いた。彼の所有論はアリストテレスを継承し、国防の観点から土地を私的に所有する農民が徳（virtue）によって共和国の自由と安全を守るという思想が述べられる。彼は『君主論』（1513）、『ディスコルシ』（1519頃）、『戦術論』（1520頃）を著し、私的所有を基礎とする社会において、君主が徳をもって人民の財産と自由を保護する一方で、人民が徳をもって国に尽くすことによって共和国の自由と安定が保たれると主張する。マキャヴェリによれば、共和国の軍事的成功は徳のある所有制度によって保全される。一方この制度が危機に陥るのは、「腐敗（corruption）」によって経済的な不平等が拡大すると多くの貧しい人びとの祖国愛が薄れ、国を守る戦力が低下することによるというのである。

ルネッサンス時代に、共有と私有の思想を対照的に示しているのはトマス・モア（Thomas T. More, 1478-1535）とジャン・ボダン（Jean Bodin, 1530-1596）である。トマス・モアは『ユートピア』（1516）で、公共社会（コモンウェルス）の理想の崩壊とその改善策を示す。モアは当時の公共社会の土台を侵食している貴族と地主を弾劾し、私有財産を廃止して貨幣のない財産の共有に基づく社会をユートピアとして描いた。貴族の贅沢なわがままが失業と悲惨を生み出し、地主による土地囲い込みが農民の土地を奪う。彼によれば、まさに「羊が人間を食べている」とされるのである。

他方ジャン・ボダンは「万物の共有」というプラトンの理想は誤解に基づくとして批判し、自然法に基づく私有財産擁護を主張した。彼は『国家論六編』(1576)で君主による絶対主義を擁護して、公共社会にふさわしい秩序と調和の確立を考察する。主権者としての君主は、神の法と自然法に基づき、臣民の私有財産の保有を譲渡不可能な権利として守るべきである。ボダンは家族の単位が公共社会の起源と本質と考え、私有財産を基礎とする君主政に秩序と正義の結びつきをみたのである。

一七世紀になると、商業経済が発達して富が蓄積し、所有の交換の秩序を維持するために必要な権力の確立が要請されるようになる。すると分配的正義よりはむしろ、私有財産を前提として市場を守る交換的正義が所有論の主題となる。

ホッブズ(Thomas Hobbes, 1588-1679)は主著『リヴァイアサン』(1651)において、国家は自然法を基礎とし平和の維持と契約の遵守を根幹とする市民社会の原理によって所有の交換的正義を守るためにあると述べた。人間は自己保存のためにもつ権利を自然権として有するが、人間の自然状態が「万人の万人に対する戦い」の状態にあり、自然権が自己否定されるため、人間の理性が発見する自然法によってこの自然権を制限し、社会契約による絶対主権の設立によって国家が成立するというのである。

ホッブズの後に自然法と社会契約の思想に基づいて、近代的な私的所有の正当化を主張したのは、ジョン・ロック（John Locke, 1632-1704）である。ロックは『統治二論』（1689）で人間の労働所有権について述べる。人間は自然状態においては自由で平等な人びとが理性によって相互に生活を営んでいる。自然状態で人間の自由を制限するものは自然法のみである。自然法は理性による道徳的規則であり、理性は自分および他人の生命、健康、自由、財産に対する自然権を侵してはいけないことを教える。人間は固有の身体から自然物に労働を投下することによって労働所有権が発生する。この労働所有権は、他の人びとの共有権を排除する排他的な所有権ではあるが、同時に自己の労働といえども他人の生活状態を悪化させてはならないという付帯条件がついている。一方、人間は無政府の自然状態では生活に支障をきたすので、自然状態での権利を放棄して人びとの合意による社会契約により政体を形成する。人びとが国家をつくる目的は、人びとの生活の安全を守り、自然権を擁護することにあるという。

このようにロックは、私有財産を基礎とする社会契約によって人びとの生活が安全を保たれると考えた。しかしロックの場合、ホッブズがいう万人の戦い以前に私有財産を基礎とする市民社会の秩序があり、各人の自己保存を可能にする所有権をはじめとする自然権を守るために国家がつくられたのであるから、もし政府が人民の自然権を擁護できないなら、人民は政府を替えることのできる抵抗権や革命権を有することになる。ロックの思想は、人間の労働が富の源泉であることを示すことによって、のちの労働価値説や労働全収権の思想に影響を与え、それとともに、名誉革命（一六八八～八九年）の市民的社会観を代表する理論としてアメリカやフランスの市民革命に大きな影響を与えた。だがロックは、市民社会と貨幣経済の発展により、所有権と経済の拡大が貧富の差を生み出すことも認識していた。しかしロックは、仮に社会において貧富の差が拡大したとしても、私有制と競争による経済の拡大の利点の方が、貨幣が発生する前の平等と貧困の社会より人びとの豊かさにおいてはるかに上回ると考えた。

一八世紀は「啓蒙（Enlightenment）」の世紀といわれる。啓蒙とはこの世にあるもの一切を理性の光で照らすことである。啓蒙思想はニュートンに代表される近代科学の方法を人間と社会の領域にも拡大することを課題とする。そして、それは旧弊を打破し公正な社会をつくろうという知的運動となった。多くの啓蒙思想家の中で、私益の追求の調和の中に社会の発展をみるマンデヴィルに対して私有財産制度を批判するルソー、ベンサムに影響を与えたヒューム、そしてミル父子を直接指導したベンサムの思想をみることにしよう。

株式や公債という新しい財産形態が発達し、政治と金が癒着する一八世紀前半のイギリスで、「私悪は公益」として、利己心による利益追求を擁護したのはマンデヴィル（Bernard de Mandeville, 1670-1733）である。彼は『蜂の寓話』（1714-32）を著し、金権腐敗政治が批判される世の中にあって人間社会を蜂の巣にたとえて利己心を是認し、各人が利益追求に没頭することによって社会全体が繁栄することを説いた。マンデヴィルによれば、私利の抑制は不可能であり私利を抑制しすぎると経済は破局に至るとして、腐敗した社会に新しい種類の自由をみる。個々人の私益の追求を許しても社会全体が調和を保つという彼の思想は、アダム・スミスの「見えざる手（invisible hand）」やハイエクの「自生的秩序（spontaneous order）」の論理につながる先駆的思想とみられる。

私益は公益という逆説的に私的所有の正当化を主張したマンデヴィルに対して、ルソー（Jean Jacques Rousseau, 1712-1778）は、利己心も私有財産も存在しない未開の自然状態に、汚れのない自然な人間の本質をみる。ルソーはフランスやイギリスの文明社会の現状を、腐敗した不平等の状態として捉え、文明社会に人類の未来を期待する啓蒙思想を人間の不正と不平等に迫ることのできない思想であるとして批判する。ルソーは『人間不平等起源論』（1755）において、人間の不平等は私有財産に基づく社会制度にあるとして、人間の欲

求と満足の調和する自然状態と対比して私的所有の体制を批判する。ルソーは人間の利己心による活動を認めながら、私有制における私利追求による道徳の腐敗をみて、社会における自然人の道徳的人格の形成に期待した。また『社会契約論』（1762）では、自然法思想や社会契約論に基づいて、立法権に優位を置く人民主権思想や理想的な共和主義思想を主張し、フランス革命やアメリカ革命に影響を与えた。

ヒューム（David Hume, 1711-76）は、一八世紀スコットランド啓蒙思想を代表する思想家として名誉革命体制における政府や市場経済を前提として文明社会のより実質的な実現をめざした。ヒュームはロックとハチスン（Francis Hutcheson, 1694-1746）を継承しながらこれを批判し、正義と所有権を説明する。彼によれば、諸個人は自己愛や利己心によって対立するが、彼らは共通利益を相互に非言語的に認識する感覚を基礎として、社会的に必要なものとして正義の諸法と所有権がつくられる。ヒュームは利己心を社会における富と幸福の原動力として捉えるから、プラトンやトマス・モアの共産主義の理想社会は現実から遊離した夢にすぎない。またルソーが私的所有による腐敗と堕落のもとは奢侈（luxury）が原因であるというのに対し、ヒュームは奢侈の道徳的・経済的効果をみて、スミスと同様に、ルソーのような平等主義的理想主義を私有財産と市場経済に基づく文明社会の基本原理に反するとして批判し続けたのであった。

ベンサム（Jeremy Bentham, 1748-1832）は自然法に基づく教義を批判し、功利主義の立場から所有権を正当化する。功利主義は人間の最大幸福を目指す思想である。それは道徳と法の受容と強制が人間の幸福を増進させる限りで認められる規範的理論であり、神の意志である自然法に基づく自然権の教義とは異質の思想である。ハチスン（Francis Hutcheson, 1694-1746）は最大多数の最大幸福という功利主義の先駆的な表現を用いたが、ヒュームはハチスンに続いて、『道徳原理の研究』（1751）で功利性（最大幸福）が人類に関係する道徳の基礎であるとして功利性の意義を強調した。ベンサムはヒュームの功利主義を継承するが、ヒュームが正義の法と所有権を社会的必要性から生まれた人為的徳の制度とするのとは原理的に異なり、最大幸福原理、すなわち功利性原理を立法の原理として判断の規準とする。功利主義は生存権や所有権が自然の命令ではなく、そのような権利の保有と実現が人びとに幸福をもたらすから、実定法で守らなければならないと考える。私的所有が生活を安定させようという人びとの要求をみたし、労働への自然な動機が報われるものと考えると、功利主義は私的所有権を法的に承認することを最大幸福促進の手段として弁護することになる。ミルは幼少の時から父親ジェイムズ・ミルによる英才教育を受けた。父のミルはベンサムを師と仰ぎベンサムの影響を強く受けていた。ミルは父に従い、一八二〇年代の後半まではベンサム主義に基づいて私有財産を前提に議論を展開していた。しかしながら、功利主義は人間の最大幸福をめざす思想であるから、私有財産制度が最大幸福をもたらさないのであれば、私有制とは異なる制度が求められる。いかなる財産制度が人類に最大幸福をもたらすのか、ミルにとって、「私有か共有か」というプラトンとアリストテレスの提起した問題が社会哲学の根本原理の問題として、古代から浮上してくるのである。ベンサム主義者であったミルがなぜ所有と制度の問題の探究を生涯の課題としてその解決の糸口を見出そうとしたのか、ミルの生涯と思想の全体像から眺めることにしたい。

三　若きミルの思想形成

（1）ミルの家庭環境と父の英才教育

ミルは、一八〇六年にジェイムズ・ミル（James Mill, 1773-1836, 以下ジェイムズあるいは父ミルという）と母ハリエット・バロウ・ミル（Harriet Burrow Mill, 1782-1854, 以下母ハリエットという）との間にロンドンで生まれた。ジョン・ステュアートという名前は、ジェイムズの並みならぬ才能を認めてエディンバラ大学へ進学させたジェイムズの恩人、スコットランド財務裁判所判事ジョン・ステュアート卿からもらった。ミルは九人の兄弟姉妹の長兄である。ミル父子はともに東インド会社に勤務しながら、研究と社会活動に従事した哲学者、経済学者、ジャーナリストである。ミルは世間一般にみられる穏やかで平和な家庭とは異なる環境で、父親による並外れた英才教育をうけて育った。ジェイムズは個性的で厳しく正義感が強くて情熱的な人物である。他方、子のミルは表面は穏やかだったが芯が強く生まじめで情熱的、スケールの大きい天才的な知の巨人といわれる。ミルの家庭環境、精神の危機、既婚の女性ハリエットとの恋愛などをみながら若きミルの思想形成をみることにしよう。

ジェイムズの父はスコットランド出身で家は靴屋兼農業を営んでいた。ジェイムズの母イザベラは誇り高い女性でジェイムズを社会的に認めさせようと、家業を全く手伝わせず勉学に専念させた。ジェイムズの秀才ぶりは、彼の生家の近くに住んでいたジョン・ステュアート卿夫妻に認められ、夫人が共同で創設した奨学金で彼は一七九〇年にエディンバラ大学に入学する。ジェイムズは普通課程ではギリシャ語、ラテン語、論理学、ギリシャ哲学などを履修し、神学部では神学、教会史、ヘブライ語などを学んだほか、ヒューム、スミス、ファーガスン、トマス・リードなどの著書を読み、デュガルド・ステュアートの講義に出席している。彼は一七九八年にスコットランド長老派のキリスト教伝道者の資格を取得したがその職には就かなかった。それは、教会の堕落と悪に満ちた現実の世界を知り、「道徳の最大の敵である宗教」がこの世を救えるわけがないと悟ったからであるとミルは『自伝』で述べている。ミルは父の影響により当時のイギリスでは珍しく宗教とは無縁の環境で育てられた。このようにキリスト教の伝道者として歩む道を棄てたジェイムズは、下院議員となったジョン・ステュアート卿とともに一八〇二年にロンドンに出る。正義感の強いジェイムズは社会問題と制度改革に関心をもち、ジャーナリストとして旺盛な活動をはじめる。ジェイムズはのちに東インド会社に就職した後、社会改革に取り組むことになるが、こうした彼を導いたのは、彼の伝記を調べた研究者によれば、彼の若き日の失恋が原因であるという。

一八世紀後半にはじまった産業革命はイギリスに飛躍的な経済発展をもたらしたが、その反面、一九世紀前半のイギリスにおいては社会的、思想的、宗教的な均衡が崩れて新旧の価値観が混沌としていた。ジェイムズは一八九〇年一七歳のときステュアート卿夫妻の援助のもとにエディンバラ大学に入学する。そして夫妻の一人娘ヴィルヘルミナの家庭教師を頼まれ四年ほど彼女を教える。彼女は三歳下の知的な魅力をもった女性であり、ジェイムズは彼女に恋をする。だがジェイムズの初恋は実らず、一八九七年に彼女は富裕な銀行家の息子と結婚する。ジェイムズはかなわぬ恋の原因を靴屋の息子と貴族の娘との家柄の違いのせいであると判断する。そして彼はこの失恋を契機として、価値観が混然としていた歴史的状況のもとで階級社会を敵として闘う人生を歩むことになったのであった。人間は生まれながらにして平等であるというミル父子の思想の源をジェイムズのこの挫折にみる解釈もある。

ジェイムズはロンドンに出て間もなく知り合いになったバロウ夫人の家を訪ねるようになる。バロウ夫人は精神病院を経営していた美しい女性で三人の可愛い娘がいた。三二歳のジェイムズは九歳下の長女ハリエットと結婚する。しかしこの結婚は不幸にして平和な家庭を築くことにはならなかった。彼女は活発で魅力的だが社交好きで外見にこだわる女性であった。一方ジェイムズは母イザベラとヴィルヘルミナの感じやすい知性に慣れており、知性的でない女性を軽蔑し愚か者を容赦しないところがあった。ミルの家庭状況を調べミルの伝記を書いたボーチャード、パック、ベインともに、ミルの母ハリエットが美貌で家庭的な主婦であったにもかかわらず、ジェイムズの強い個性と知的でない女性を軽蔑する独特の女性観から夫婦は不仲となり、ミルの家庭が穏やかな雰囲気ではなかったと伝えている。ロンドンでのジェイムズは、一八一九年に東インド会社に就職するまでは収入が少なく、九人という子沢山の生活は苦しかった。この生活苦の中でミルの母親とミル兄弟は絶えず癇癪持ちの父親の顔色を伺って生活しなければならなかったのである。

ジェイムズが三五歳になった一八〇八年、彼は熱狂的にベンサムを慕って二五歳年上のベンサムの弟子となる。温和なベンサムはジェイムズを信頼し学問の分野に止まらず私的にもミル一家に目を掛けた。一八一四年からミル一家はウェストミンスターに住んでいたベンサムの家の近くに移り住む。ベンサムはジェイムズの執筆と子供たちの教育を助け、一方ジェイムズはベンサムの思想の全体の理解につとめる。ミルは幼少の時から一日の大半を父の書斎で過ごし、近所の子供たちと外で遊ぶことを禁じられた。ミルが一四歳の時にフランスへ留学するまでの間、彼は学校教育を受けずに父から教育を授けられ、生活を父によって管理された。ミルが生まれた時、ジェイムズはベンサムと協議の上、ミルをベンサム主義の闘士に育てようと決意した。ミルはこの方針に従って、試験管の中で純粋培養の実験のモデルのようにして育てられた。ミルに対する父の徹底した英才教育と生活指導によって、ミルは精神的に父親に依存する体質がつくられたようである。このようにして育てられたミルが、二〇代になってもなお世間しらずで、父とベンサムの代弁者であったことを、ミルの親友であるロウバックが一八二四年に東インド会社でミルに会った初対面の印象を次のように記している。

ミルは政治的世界の多くを学びそれに精通しているとはいえ、父ミルとベンサムの単なる代弁者であることは明らかだ。ミルは社会というものすなわち彼を取り囲んで動いている世間をしらない。ミルは何よりも女性をしらない子供なのだ。ミルは子供の仲間たちと決して遊ばなかった。ミルは生活の中で何も知らなかった。今やわれわれはミルの同僚となったが、われわれはミルが付き合う最初の仲間なのだ。

父の教育はミルが三歳の時のギリシャ語と算数の勉強にはじまった。ミルは父の教育によって古典学、哲学、自然科学と人文科学全般にわたる膨大な学識を積んだのちに、一五歳の時には「功利性原理（utility principle）、すなわち最大幸福原理」により人類の現状を変革するという壮大な着想を持つに至った。功利主義は人間の最大幸福を第一原理とする思想である。ミルがこの思想に基づいて社会改革を決意したということは、ジェイムズがベンサムから継承した功利主義によりミルを「社会改革の闘士に育てる」という実験が成功し、ミルの人生の方向性が定まったことを意味する。ミルが生涯にわたって社会問題に心血を注いだのはこの時の決意が原点である。ベンサムはイギリス経験論の伝統とフランスおよびスコットランド啓蒙思想の影響のもとに功利主義の立場から自然法思想を批判する。ベンサムは近代社会においてニュートン以降、自然科学が発達し科学技術が進歩したのに比べ、悪徳が横行し犯罪が絶えることのないのは、自然科学に比べ精神科学が未発達なせいであると考える。ベンサムによれば、精神科学が未発達である原因は、精神科学が自然権のような人間の観察や経験では認識できないものから出発しているからである。自然法思想に基づいて人権や政治的秩序を要求するフランス革命もベンサムの社会改革とは方向性を異にしていた。自然科学が物体の観察と実験から帰納的に分析して法則性を発見するように、精神科学も人間の精神の自然法則を経験的に探究して、人間や社会の幸福を促進する法則を発見し、人びとをこの法に従わせなければならない。ベンサムはこのように考えて、社会科学を確立し社会を経験科学の対象として最大幸福原理から法と政治の改革を図った。ミル父子はこのベンサム主義を継承するのである。

ミルが受けた父ミルの教育思想は、道徳的にはギリシャ哲学を基礎とし、認識論ではベンサムと同じく経験主義である。先ず道徳については、父ミルはプラトンの勇気・節制・正義・知恵といういわゆる四元徳に習って、知性・節制・正義・思いやりを徳（virtues）と捉え、徳の実現が人間に幸福をもたらすと考える。徳の実現のためには、教育によって知的道徳的に人間性を向上させる精神的資質を開発することが不可欠であり、人間の道徳的向上を目指す倫理学と知性の向上を図る知性の科学が発達することがのぞましい。ミルは幼い時から父に徳育を施され、人間の欲求を抑えて知性を正しい方向へと導く節制（temperance）や他人に迷惑を及ぼす害を抑制する正義（justice）について繰り返し教えられた。一方認識論については父ミルの経験主義は先験論に反対する立場である。先験論は人間の感覚から独立し経験から離れた純粋な知性の対象である真理について語る。これに対し経験論は、知性の要因のすべてを単純な感覚から出発し観念に移された後、さまざまに結合されて精神現象が構成されるという人間の経験に依存する思想である。父ミルの教育思想は、カントやトマス・リードの先験論を排除し、ロックをはじめとする経験論の流れにあるハートリの観念連合説と、フランス啓蒙期の唯物論哲学者エルヴェシウスの教育論を受容した教育思想に基づくものであった。ハートリ（David Hartley, 1705-57）の「観念連合（association of ideas）説」とは精神現象を単純な感覚から出発した観念が連鎖して進化し複雑な観念に発展する原理によって説明する理論である。難しい理論を語る大人も、もとはといえば幼児の感覚と観念から出発し、その延長線上にある理論を語っているのである。赤ちゃんは母親の感覚から言葉と観念を覚え、成長の過程で単純な観念の積み重ねから徐々に複雑な観念を思考するようになるという。他方、エルヴェシウス（Claude Adrien Helvétius, 1715-71）は、環境による人間の性格形成と人間性に与える幼児教育の重要性を訴える。父ミルはハートリの観念連合説とエルヴェシウスの教育理論に基づき人間の精神に対する教育の役割に期待する。父ミルによれば、人間はよい観念の連合によって知的道徳的に人間性を高めることができると考えるから、幼児からの知的訓練に無限の信頼をおき、ミルに英才教育を施した。ミルは父のこの教育に従い、制度改革に教育を重視する思想と経験論による観念連合説を継承する。ミルは幼いころから、観念連合の原理を教えこまれたので、人間のすべての思考と行動をこの原理で分析しようとする習慣が身についたのであった。

ミルは功利主義と経験主義とともに自由主義を父から継承し、これらの思想に基づき父ミルが主導する「哲学的急進派（The Philosophic Radicals）」という政治的活動グループの主役として活躍する。哲学的急進派は名誉革命（一六八八～八九年）以来イギリスの貴族や大地主の支配する統治の体制を旧体制として急進的に変革し、功利主義の哲学的原理の実践を図る運動である。彼らは功利主義に基づくベンサムの社会改革の思想と古典派経済学により、民主主義の徹底を図る。そして代議政治と言論の自由を通じて私有財産制度と立憲君主制の枠内で、トーリとウィグの党派の枠をこえて議会を改革し、政治的経済的自由の獲得を目指した。父ミルが指導的役割をはたし、その成果は第一次選挙法改正（一八三二年）と穀物法撤廃（一八四二年）に結実した。このグループのメンバーはリカード、マカロック、グロウト、アイトン・トゥーク、ジョセフ・ヒュームなど有力な学者、政治家からなり、イギリスの政治的癒着と腐敗を暴露し政治的経済的自由を訴えた。ミルは東インド会社に勤めながら、この運動に積極的に参加し、機関紙『ウェストミンスター・レヴュー』には一四編寄稿している。

（2）フランス留学

ミルは一四歳のときベンサムの弟サミュエル・ベンサムに招かれ、一八二〇年の五月から翌年の七月まで一年余りをフランスで過ごす。父の教育と日常生活の管理から解放されたフランス留学はミルにとって新しい経験であり、若きミルの思想形成にこれまでとは異なる影響をもたらした。ミルは当時南フランスに移住していたサミュエルの家に滞在し、フランス語とフランスの生活習慣に親しみ、モンペリエの理科大学で化学、動物学、論理学などの講義を聴講している。だがミルがフランスで学んだのは学問の分野だけに止まらず、生まれてはじめてピレネー山脈の大自然にふれ、イギリスとは異なるフランスの文化と国民性を知り、父ミルから学んだ自由主義と民主主義を肌で感じ取ることができたことであった。

ミルはフランス滞在中、一八二〇年八月から二ヶ月近くピレネーの山地を歩き、大自然の素晴らしさに感動し深い印象を刻み付けられた。この体験は、ミルが数年後にロマン主義への関心を強め、大自然を讃歌する湖畔詩人たちに接近したり、のちに『経済学原理』の「定常状態論」において、大自然に囲まれた孤独の中での精神の陶冶や自然環境保護を主張する素地になったように思われる。またミルはフランス留学の行きと帰りに経済学者セー（J. B. Say, 1767-1832）の自宅に滞在し、セーに紹介されて多くの自由主義者の首領格の人びとと交流している。ミルは『自伝』でフランス留学の第一の収穫は大陸の自由主義に対する強烈で永続的な関心であるといっており、フランスの自由な雰囲気と自由主義者との交流によってミルは自由主義への強い関心を抱くことになった。ミルはフランスから帰国後、フランス革命史を読んで、当時のヨーロッパで少数派であった民主主義の原理が、三〇年前のフランスであらゆるものを打倒して、全国民の信条となっているのに驚き、この時から「民主主義の闘士になる」という決意をしたという。フランス留学の体験はミルに大自然の偉大さと自由主義と民主主義の大切さを実感させたのであった。

(3) 精神の危機

ミルが二〇歳になった一八二六年の秋、ミルは「精神の危機」に陥り、この危機を契機として精神の転機を迎える。ミルはこれまでに知的陶冶を主とする父の教育により、人間のすべての行為を観念連合の原理をもって分析し、善悪を判断する習慣を身につけていた。だがこの父の教育はミルに暗い憂鬱な精神状態をもたらした。人間が認識する一切の現象を因果関係で分析しようという習慣は、人間の意志や感情の能力を減退させ、他人に共感するという感情や人生の喜怒哀楽に幸せを思う感覚を鈍らせるとミルはいう。ミルはこれまでの人生を振り返って、このまま生き続けるべきか半年ほど悩む。ミルがこの状態から抜け出す切っ掛けとなったのはマルモンテルの『回想録』を読んだ時である。ミルは主人公の少年が父親の死に遭遇し一家が悲嘆にくれていたその時、少年に霊感が湧き出て、少年が全力を尽くして家族を救うと決意した場面にさしかかった時、ミルは涙がでるほど感動し、新しい人生観が開けていったのであった。精神の危機を脱却する際にミルが学んだのは、人間の精神には知性とは異なる意志と感情（feelings）があり、人生にとって知的陶冶とともに感情の陶冶が重要であるということにミルが気付いたことであった。ミルはこの危機を契機として、人間の理性の力で社会をよくしようとする一八世紀啓蒙思想の流れをくむベンサム主義に対して、人間の感情の働きを重視するロマン主義（一九世紀）、功利主義や近代化を批判するカーライルの思想、資本主義による経済発展の社会を批判して勤労の組織化による理想社会を描くサン・シモン主義などベンサム主義とは異質の思想に接近するというミルの思想の軌道修正がなされたのである。ミルによれば、ベンサム主義に疑問をもち思想の軌道修正をした動機に関係するのは次の重要な要因である。

先ずミルの幸福感の変化がミルの功利主義思想の変化をもたらす。功利主義は人間の最大幸福を目指すのであるが、人間は何によって幸福を感じるのか？　人は大金持ちや権力者になろうと、あるいは高い教養をつんだとしても必ずしも幸福になれるとは限らない。自分中心に幸福を追い求めても幸福にはなれないのはなぜなのであろうか？　ベンサム主義では、人間が快楽を求め苦痛を避ける存在として捉え、快楽を増やして幸福の最大化を図る。人間の快楽の量は計測可能であり、最大多数の幸福量の増大が政策目標となる。しかしながら、ミルはこのベンサム主義の幸福感に疑問を感じ、自らの苦痛を耐え忍んでも他の人びと、あるいは人類全体の幸福を目指して努力することに自分の幸福を見出す人もいるに違いないと考えた。人それぞれに幸福感は異なり人間の幸福感は多様であるから、ベンサム主義の幸福感は単純に過ぎ政策の目標としては不十分であると考えた。だがミルは低次元の快楽を否定したわけではなく、低次元の快楽は質的に高度な幸福と両立可能と考え、幸福感の質的差異を考慮して功利主義を広く捉えるようになるのである。ミルは質的に高度な功利性は、自分自身の幸福とは限らない何か他の目的、人類の進歩、美や真理の探究あるいは人間性の向上など、手段ではない目的としての何らかのアート（some art, 目的）を目指して集中することによって、結果的に本人が感じられるものであると次のようにいう。

最大幸福を第一原理とする人生の目的のためには、自己の幸福を直接求めず他の人びとの幸福、人類の進歩、芸術や研究のような、手段ではなく目的としての何らかのアート（some art）または追求（pursuit）に集中することによって付随的に幸福感がえられるものである。

ミルのこの思想の源泉は、ギリシャの四大徳目の一つである節制の徳によろこびを見出し、自己中心の感覚的な快楽の世界ではない人間の徳に即した活動に幸福をみるアリストテレスの幸福主義（eudaimonism）にあると思われる。しかしミルは自分の思想をカーライル（Thomas Carlyle, 1795-1881）の反自我意識説（doctrine of anti-selfconsciousness）に近いという。カーライルはスコットランドの思想家であり歴史家である。彼は近代化の帰結である拝金主義を批判し、啓蒙思想や功利主義が是認する個人の物質的欲望の追求を否定する。カーライルはゲーテの教養小説（ein Bildungsroman）『ヴィルヘルム・マイスター』をモデルに『衣装哲学』（Sartor Resartus, 1834）を書き、神の衣装である偉大な自然のもとで、人間が幸福を追い求めるのを止め私利を棄てることを説いた。反自我意識説においては、ゲーテに依拠して、滅私（Annihilation of Self）や自制（Renunciation）により自我を捨てて行動し、社会に対して忠実に義務を果たすことが述べられる。ミルは一八世紀の啓蒙思想に対する一九世紀の反動の思想家としてカーライルを評価し、一八三〇年代に彼との親交を深める。私利を求める幸福の追求は際限なく欲がふくらみ新たな欲望が増えるから、不満が消えることなく幸福に終わることがない。しかしミルはカーライルを評価しつつも、個人の幸福を否定するのではなく、私利とは関係のない何らかのアート（目的）への集中によって付随的にえられる個人の幸福感を悟ったのである。ミルは人間の感情の働きが重要であると知り精神の危機を乗り越えたのであるが、観念連合説を放棄したわけではなかった。ミルは観念連合の経験主義的な認識論を保持しつつ、人間の自由意志による社会的義務を主張するカーライルの思想にヒントをえて視野を拡げ、理想を求めるアート（目的）を自発的に追求するところに人間の幸福があることを学んだものと思われる。ミルは人間の自由意志が個人の幸福をもたらす関係について『自由論』第三章で次のようにいう。

人間の個性の自由な発展は幸福の主要な要素のひとつであり、個人の自発性（the individual spontaneity）は幸福にとって重要である。

この個人の自発性は、他人や社会からの強制ではなく、個人の自由意志の働きによって、よりよく発揮される。ミルは人間が苦痛を避け快楽を求める存在であるだけでなく、理想を求める存在として質的に高次元の功利性を認め、功利主義を広く捉えたことによってミルの幸福感が自由と結びつき、のちにみるように、体制選択を握る鍵を人間の自由と自発性を最大限に発揮する体制にみる思想の形成を基礎づけることになるのである。

精神の危機を脱却する過程におけるミルの二つ目の精神的変化は、人間の幸福にとって個人の「精神の内的陶冶（the internal culture）」がいかに大切なものかということであった。

これまでにミルが父から教えられたのは、主として知的教育の重要性であり、それは外的環境の整備と人間の思索と行為のための訓練という人間の知的能力の開発であった。これに対し、精神の危機でミルが悟ったのは人間の道徳的感情の開発でありミルはこれを「受動的感情（the passive susceptibilities）もしくは感情の陶冶（the cultivation of the feelings）」と呼ぶ。ミルに精神の内的陶冶の倫理的意味づけを教えたのは、一八二八年にはじめて読んだワーズワスの詩である。ピレネー山脈の自然美を経験したミルはワーズワスの山の景色や田園風景の美しさと自然愛の描写に魅せられた。しかしワーズワスの詩が精神の薬となってミルが危機を脱出することができたのは、その詩が単に外面的な美だけではなく、美に触発された感情の状態とそれに彩られた思想を表現する感情の陶冶であり、それが幸福の永遠の泉であるとミルは『自伝』で語っている。ミルは大自然の中で瞑想にふけり、自然美を感じながら共感（the sympathy）や想像的情緒（the imaginative emotion）の能力を養うことが、性格形成のために重要であり、この訓練によって養われたよい感情の発揮から幸福をえられると考えた。知的訓練だけではえられない豊かな感受性を養成することによって、深く高尚な事柄のみでなく、人間誰しもがもつ平凡な感情にも共感し、大きな関心を払うようになるという。ミルはこの頃哲学的急進派の親友ロウバックとワーズワスの詩をめぐって論争している。ミルはワーズワスの詩による想像力に富む情緒の育成は、性格の形成と人間の幸福にとって重要であると主張したが、ロウバックは感情の陶冶の意味を認めるどころか、感情は人間の精神の成長を妨げるなどといって譲らなかった。ミルは仲間の中で詩や芸術を愛するロウバックまでもが、人間の精神に対する知性の役割に偏重し、精神の内的陶冶による感受性の養成がいかに大切なものであるかを理解しないのに失望したという。精神の危機はミルに人間の幸福の意味を教え、定常状態論に示されるような人間と社会の在り方の素地をつくったのであった。

ミルはこれまで彼の心を支配してきた父とベンサムの思想の限界を知る。精神の危機はミルに父とは異なる精神の在り方を教え、彼を父とは異なる思想への関心へと導いた。父ミルが人間の知性を重視するのに対し、ミルは知性とともに人間の感情と意志の重要性を知り、また思想的には父が教えた功利主義、自由主義、経験主義に加えて、ロマン主義や社会主義への関心をもつようになる。ロマン主義と社会主義は、フランス革命のような市民革命の指導理念の背景にある啓蒙思想に対する批判を含意している。人間の理性を中心に考える合理主義に対し、人間の非合理的な感情と想像力を重視するロマン主義や、人間を取り巻く環境や制度の改善を図る社会主義思想が新しく現れる。ミルはのちにみるように、一八世紀啓蒙思想を批判する新しい思想に接し、新旧の思想の対立を一八世紀と一九世紀の闘いとして捉え、これらの思想の和解を図るのである。

(4) ミルとハリエット・テイラー

若きミルの思想形成を父ミルの教育や精神の危機などから概観してきたが、最後に無視することができないのがミルの妻であるハリエット(Harriet Taylor Mill, 1807-58、母ハリエットと同名であるが、思想的に問題となるのは妻のハリエットだけなので、以下ハリエットというのは、すべて妻ハリエットのことをいう)とミルの思想形成との関係である。ミルは自分の思想形成を次の三つの時代に分類している。

第一期(一八〇六-二八年) 父ミルの徹底した英才教育を受け、父の指導のもとで哲学的急進派の中心的役割を担って活動し、ベンサム主義に従って社会改革を図った時代。

第二期(一八二六-四〇年) 精神の危機を転機としてベンサム主義に反発し、ロマン主義、社会主義など啓蒙思想とは異質の思想に関心をよせ、それらの思想に接近した時代。

第三期（一八四〇-七〇年）ベンサム主義に対する反動の行き過ぎを反省し、ベンサム主義と第二期に吸収した思想との調和を図り、功利主義、自由主義、経験主義を基礎とするミル独自の思想を『論理学体系』（1843, 以下『論理学』という）、『自由論』（1859）をはじめとする主要著書に表現した時代。

ミルは第三期以降、新たな思想の吸収を止めてハリエットとともに歩みながら自分の思想を展開したという。ミルの思想の展開がハリエットの影響をどのように受けたのかをみることにしよう。以下のように、ミルとハリエットとの関係も、世間の常識を超えた異常な関係なのであった。

ハリエットは知的で個性的な才女である。ミルは二四歳のとき、一歳年下の彼女を紹介された。紹介したのは、新ユニテリアン派のサウス・プレイス教会の牧師ウィリアム・ジョンソン・フォックスである。ハリエットは既婚であり二児の母親であった。彼女は外科兼産婦人科の医者トマス・ハーディの三女で甘やかされて育てられた。彼女は充分な教育をうけ語学が堪能だった。独仏伊、ギリシャ語、ラテン語を理解し、原語で文章を著書に引用する力があった。彼女は詩や文学に造詣が深いばかりでなく、女性参政権、女性教育、結婚、離婚、男女平等論、家庭内暴力など政治的社会的な問題についてエッセイを書き、出版する実力をもっていた女性である。彼女は一八二六年に一八歳で一二歳上のジョン・テイラー（John Taylor, 1796-1849）と結婚した。ジョンは乾物と薬の営業で成功を収めた精力的な実業家である。そして彼は商売に成功しただけでなく、サウス・プレイス教会の指導的会員として急進派の政治活動やロンドン大学設立運動などに積極的に関わっていた。彼は妻を愛していたが、芸術にはまるで関心がなく、詩やエッセイを書く知的で繊細な妻を理解する能力に欠けていた。結婚生活に対するハリエットの不満はつのるばかりであった。彼女はフォックス牧師に悩みを打ち明け、牧師は彼女にミルを紹介したのである。ミルは知性的であるかどうかで女性を判断する父親の女性観を受け継ぎ、ロウバックがいうように「女性をしらず、社会をしらない子供だった」。初心で情熱的なミルはハリエットが既婚であるにもかかわらず彼女に近づき、二人は初対面で相思相愛の仲となる。夫のジョンは当然二人の仲を不愉快に思い、ミルとの交際を止めるよう説得に努める。しかしミルにとって彼女は「霊感を与える」「生きるために必要な」存在となっていた。ミルの生涯について研究したボーチャードは二人の関係を次のようにいう。

初恋のミルは、愛がすべてを変える道を経験したことがなかった。ハリエットが興味のあるものは何でも魔法の杖として彼の喜びとなった。ハリエットに従うことは、ミルが生きるために必要となった。これはまさに、ミルとハリエットとの関係のすべてを言い表している。

こうして、ミルとハリエット、ジョン・テイラーとの三角関係は、一八四九年にジョンが死ぬまで続くのである。そしてジョンの死後二年後にミルとハリエットは結婚するが、ハリエットは病弱であり一八五八年に南フランスのアヴィニオンで亡くなるまで二人の結婚生活は七年余りしか続かなかった。ハリエットは病気にもめげずにミルの研究のために尽くした。ではミルは研究活動において彼女からいかなる影響をうけたのであろうか？

ミルとハリエットとの関係について、ミル自身は『自伝』で「研究活動における理論的な部分は私独自のものであるが、人間的な要素はすべて彼女の生徒であった」と述懐している。このようにミルは二人の間に役割分担があったことをほのめかしているが、ではミルが彼女の生徒となった人間的な要素とは何なのであろうか？　研究者によれば、二人の関係は常識で考えられる範囲を超え、ミルに対する彼女の影響は理論的なものではないといわれる。ミルの親友でありミル父子の伝記を書いたベイン（Alexander Bain, 1818-1903）は、ミルは精神的に彼女に従属しており、ミルの彼女に対する叙述は事実と異なる幻想なので、まともに信じることはできないという。ミルが精神的にハリエットに従属していたという意味について、『J・S・ミルとハリエット・テイラー神話』（1960）の著者パップは、「彼女のミルに対する知的支配力は、理論的あるいは思想的影響をもたらすものではなく、彼女の才覚をもって優柔不断なミルに助言し、閃きを与え、決断を促したところにある」という。トロント大学版『ミル全集』の編者ロブソンは、このパップの解釈を認めた上で、「ミルとハリエットは思想が異なるが、科学者ミルに対するアーティストとしての役割分担があった」というのである。また『ハリエット著作集』（1998）の編集者ジェイコブズは、ハリエットの著述を精査した結果、ミルに対する彼女の影響はもしあるとしても部分的なものに限られ、むしろ彼女自身の思想をミルの名前で出版した例として、『経済学原理』第4編第七章「労働者階級の将来の見通し（以下、「将来の見通し」の章という）」をあげている。

ミルは一八四三年に『論理学』を出版した後、『経済学原理』の構想を練り執筆をはじめる。ミルは一八四五年に当時の社会問題となっていた労働問題について、「労働の主張」

（'The Claims of Labour'）という論文を『エジンバラ・レヴュー』に投稿した。ハリエットはこの論文でミルが注目しているフランスのアソシエーション（association, 協同組織）について研究し『経済学原理』第3版（1852）の出版の前に論文にまとめた。ミルは彼女の手による論文の完成を心から喜んだのであろう。彼女の論文の主旨を生かした章を「労働者階級の将来の見通し（'The Probable Future of the Labouring Classes'）」の章として『経済学原理』第3版に加える。しかしミルがこの章の核心部分が彼女の主張であることを何の注釈もなしにミルの著書の一章に挿入したことは、ミルの社会主義論の解釈に混乱をもたらすこととなった。なぜならミルとハリエットは社会改革について異なる見解を有していた。のちにみるように、ミルは科学者であり、体制の問題を多面的に捉え、体制の理想の雛形を示すことをしない。体制の選択は実験や経験により科学的に判断されるべきであり、その判断は時代や国や環境にふさわしいものを選択するよう人びとにまかせるべきものとした。これに対し、ハリエットは革命家であった。彼女は一八四八年フランス二月革命に感動し独自の社会改革の思想をもつにいたった。彼女は工業国が私有財産制から労働者アソシエーションの支配する体制へと移行するという思想をもって論文を執筆したのである。ミルは最初自分とは異なる思想に基づく彼女の論文を自分の著書に加えることに躊躇したが、度重なる議論の結果、彼女の強い要請に従う結果となった。ミルが自説を保持したまま「将来の見通し」の章を挿入したのか、あるいはミルの思想が変わってこの章を挿入したのかどうかについては研究者の間で議論が分かれる。しかしながら、ミルの方法論を含む思想的特質とミルの著作の初期から晩年まで流れる一貫した思想から判断し、またミルが『自伝』で「将来の見通し」章は彼女の考えを叙述したといっている事実からみると、ミルが「将来の見通し」の章で自説を修正したとは考えにくい。ジェイコブズのいうように、ミルがハリエットの意見に従って、彼女の論文をもとにミルが書いたと考える方が自然である。のちに見るように、ミルの社会主義論はスケールが大きいので、私有財産制から労働者アソシエーションへの移行を認めたとしても、それは可能性の一つであり、ミルの主張はその可能性を含みつつ、体制論の多様性をみるものなのである。

(5) ミルとオウエン主義

ミルが最初に社会主義者に出会ったのは一八二五年のはじめである。その時ミルは一八歳、ロンドンで行われた公開討論会の場であった。この討論会は、協同主義協会というオウエン主義の会が主催し、ミルは哲学的急進派を代表してオウエン主義者と論戦を交える機会をえた。若きミルの論戦の相手はウィリアム・トンプソン（William Thompson, 1775-1833）という協同主義の指導者である。ミルの哲学的急進派の社会改革はあくまでも憲法と私有財産制を守る枠内での改革であるから、協同体制の設立によって現在の体制そのものの変革を目指すトンプソンとは白熱した議論の応酬となった。会は毎週開かれ三ヶ月ほど続けられた。ミルはこの討論会を終えてとても感銘をうけたという。それはトンプソンがミルと論争を交える相手でありながら、ミルと重要な共通点があったことによる。オウエン主義者は功利性（最大幸福）原理を目標にして社会改革を図り分配的正義を社会改革の柱にしていた。ミルによれば、彼らは誤った人間性の把握により、空虚で非現実的な主張をしているが、彼らの最大幸福の目標はミルと共通している。ミルは、私有財産制度を廃止してオウエン型のアソシエーション（共同体）によって果たして分配的正義が実現できるのか疑問視したのではあるが、彼らが功利性原理を掲げて分配的正義を目指している目標は正しく、ミルはこの討論会を契機として社会主義への関心を深め、所有と制度の問題を根本から考えようとしたのであった。

オウエン主義は、社会主義の父、協同組合運動の父といわれるロバート・オウエン

（Robert Owen, 1771-1858）の思想で、サン・シモン主義、フーリエ主義とともに空想的社会主義の代表の一つといわれる。ここでオウエンとトンプソンの思想について概観しておこう。

オウエンはスコットランドの経営者であり、ニュー・ラナーク綿紡績工場の総支配人として工場経験に携わった。彼はその経験から、労働者の労働条件や生活改善によって生産性が著しく向上し経営の成果が上がることを学んだ。オウエンは人間が環境によって変わることを知ったのである。彼は人間が環境によって変わるのは性格形成原理によるものと考え、『社会に関する新見解』（1813, 14）を出版する。オウエンはこの書でその原理を解説しながら、幼児、児童、労働者などに対する教育の重要性を訴えた。そして機械破壊（ラダイト）運動に象徴される労働問題に心を痛めるオウエンは最大多数の最大幸福を目標に掲げて社会改革の提案を行う。ラダイト運動は、産業革命時代に機械が人間の労働に代わって労働者の職を奪うとしてイギリスの手工業労働者が集団的に機械を打ち壊した運動である。それは一八一〇年代に始まるイギリスの労働運動の嚆矢となった。現代でもＡＩによるロボットがいかに人間の旧来の職を奪い、人間の職業に変化をもたらすのかという問題がある。当時は機械の発達が人間の労働を奪い経済的困窮をもたらすという思想は労働者の間で根強く、この運動はオウエンに労働問題がいかに重要で緊急な課題であることかを認識させた。オウエンは人間が機械に職を奪われる前に、労働者が人間性を取り戻すことが先決であると考えた。環境決定論を支持したオウエンは、人間の性格が教育を含めた環境によって形成されるという思想に基づき、人間の狭い利己心を超えて広く公益を考えることのできる精神を形成するように環境改善を図ることを改革の重要な施策とした。オウエンが社会改革に教育の役割を重視した点ではミル父子と同様である。オウエンはこの原理が貧困や失業問題など深刻な社会問題を解決する道であるとして、その教義に基づく相互協働社会の建設とその普及を図った。彼はナポレオン戦争後の経済不況のもとで、世界で最初の幼稚園を開き、労働者に対する教育や労働時間の短縮のための工場立法、万人が恒久的な幸福を享受する環境整備を図るための共産主義的な協同の村の建設、公正な分配と正常な交換のための労働貨幣による通貨改革案などを、政府、財界、ラナーク州などに提言した。しかしながら、彼のかずかずの提言は、一部の関心をよんだものの、州政府などの関係先や世間一般にそのまま受け入れられることにはならず、オウエンは失意と敗北感のうちに実業界から身をひきアメリカに渡る。一八二五年にオウエンはインディアナ州のニュー・ハンプシャー協同体を買収し理想主義的な協同の実験を開始する。そこでのアメリカ建国五〇年記念の精神的独立宣言の演説で、彼は悪の三位一体として私有財産、既成の宗教、結婚制度の三つをあげている。オウエンはニュー・ハーモニーで三年間、多くの障害と闘いながら実験を試みるが成功することはなかった。オウエンの実験は失敗に終わったといえ、競争と私有財産を社会的に有害なものとみる彼の社会主義の教義はイギリスの労働運動や協同組合運動に大きな影響を及ぼした。オウエン主義によってチャーティストの運動家が育成され、また一八四四年ロッチデイル公平先駆者組合（二八名の先駆者たちが少額の資金を持ち寄って消費協同組合を設立したが成功し、後に生産協同組合に発展したイギリスにおける協同組合の成功例である。以後ロッチデイル組合という。）も彼の影響のもとに生まれたといわれる。

一方、オウエン主義者を代表してミルと論戦を交えたトンプソンはいかなる思想の持ち主なのであろうか？トンプソンは南アイルランドのコーク州の大地主で、協同運動の理論的指導者である。彼は自分の生活は地代収入に依存しながら、他方で不労所得を否定する思想を主張し、相互協働によるオウエン主義を唱えて私財を投入しその教義の普及を図った。イギリスにおける社会主義の歴史を研究したマックス・ベアによれば、トンプソンの思想はベンサムの倫理学、リカード経済学、オウエンの社会思想を源泉とする。しかしトンプソンの主張には上の三人とは違う独自性があるので、トンプソン固有の思想をみることにしよう。トンプソンはベンサムを崇拝していた。彼は教育思想をめぐってベンサムと交流するようになり、一八二二年にはベンサム邸に招かれて四ヶ月間、邸宅に滞在しオウエンやジェイムズ・ミルと面識をえている。トンプソンは一八二四年に主著『人間の幸福にもっとも連なる富の分配の諸原理』（以下『分配の諸原理』という）を著す。『分配の諸原理』における富の分配の規準をなす指導原理は功利性原理であり、ベンサムの唱える最大多数の最大幸福である。しかしトンプソンはこの著書で功利性を指導原理としながらもベンサムにはない「自発的な相互協働（voluntary Mutual Co-operation）」という思想を唱える。トンプソンがベンサムを尊敬しながらベンサムと思想的に異なる道を選んだのは、彼がリカード経済学を研究して分配論を重視したことに加えオウエン主義の影響による。彼は労働価値説を受容し、人々の最大幸福のためには、労働者に労働生産物のすべてを保証する分配の方式が必要であると考えた。このような思想を労働全収権の思想という。彼の思想はリカードの労働価値説と関連づけられて理解されたために、一九二〇年代に労働全収権を唱えたトンプソンやホジスキンなどはリカード派社会主義者といわれる。しかしトンプソンの問題関心は、リカードによる分配論の理論的展開ではなかった。それはオウエンに影響されながらオウエンとは違う「労働者の自発的な相互協働による労働組織」の設立とその普及であった。トンプソンはオウエンとの出会いと彼の協働制度との違いについて次のように述べている。

私がはじめて協同体制の世界を知った時、オウエンの思想は貧民管理の改善されたシステム位にしか思わなかった。その一方で、私は人間の幸福に連なる富の分配という課題に取り組んでいたので、この課題のために多数の労働者の相互労働による労働組織の研究を辛抱強く続けることによって、労働によって生まれた成果のすべてを労働者に保証するという、以前から私が目指した目標に近づくための唯一の方法は、労働者の自発的な相互協働による労働組織を採用すること以外にはないと確信するに至った。私はこのような状況のもとでオウエンと知己をえたのであるが、オウエンのやり方は、ヨーロッパの専制的な法令に従い、立法者の援助を求めるので、政府や資金提供者に管理されるという制約をうけるから好ましくないと考えた。これまでの研究や熟考の積み重ねと、実験や経験によってえた知識によって、私は労働者の自発的なアソシエーション（the voluntary association）の制度と労働生産物の平等な分配（the equal distribution）を強く好ましいと思うようになったのである。

このようにオウエンとトンプソンはともに協同体制によって当時の社会問題となった労働問題の解決を目指して最大幸福の実現を図ったが、両者の思想は異なっていた。オウエンが理想とした共産村は規模が大きく、政府の援助や少数の大株主による出資を求めるものであった。オウエンの構想は企業家的発想である。労働者の出資を前提とせず、有能な経営者による家父長的で効率的な運営により高配当を予想することで、協働社会を支援してくれる投資家に期待した。これに対してトンプソンの構想は労働者が少額の資金を出資して株主になり、労働全収権の思想と自由で自発的な労働観に基づいて民主的で小規模なアソシエーションを主張した。オウエンの企業家的発想に対して、トンプソンは労働者の道徳の向上と労働者が資本家になることにより「搾取（abstraction）」のない相互協働の社会を目指した。オウエンとトンプソンはともに教育を重視したが、オウエンの環境決定論に対しトンプソンは環境決定論を認めながら環境整備とともに労働者の道徳の第一原理を「自由意志（voluntariness）」として労働者の自発的な労働を目指した。オウエンが競争と私有財産を悪徳とみるのに対し、トンプソンはそうは考えない。彼は安全に立脚した分配の自然法則が貫徹する社会であれば、競争原理は経済的道徳的効果を発揮するという。それは資本家による労働者からの収奪のない社会である。トンプソンにはオウエンにはない資本家による労働者からの「強制取り立て（exactions）」という「剰余価値（surplus value）」の思想があったから、協働社会では労働者全員が出資者となることによって資本家＝労働者となり、搾取のない社会が実現する。このようなオウエンとトンプソンの構想の違いは一八三二年ロンドンで開催された第三回協同組合コングレスで明確な対立として現実化した。労働紙券を貨幣として発行する労働交換銀行の設立による大規模な共同社会の建設を図るオウエンの計画は、資金、規模、専制的な管理などの点で異なるトンプソンに近いメンバーの理解をえられるはずはなく、激論の末、労働者全員が五ポンド出資して小規模なコミュニティから出発するトンプソンの提案が合意されたのである。先に述べたロッチディル組合は外部からの援助なしに労働者の少額の出資をもって小規模なものから出発した協同組合であり、オウエンよりはトンプソンの構想に近く、のちにミルは『経済学原理』でそれを高く評価している。

トンプソンのアソシエーションの構想にある自由で自発的な労働観の基礎には彼の自由な人間観があり、競争原理を認めて実験的に、分配的正義を図る制度改革が労働者の自立と最大幸福を目標とする道徳の向上を目指すものであった。環境決定論により教育を重視するとともに自由で自発的な労働者のアソシエーションの建設を目指すなら、ミルの社会主義論と方向性は同じである。従ってトンプソンの思想はミルから高い評価をえられて当然と思われる。しかしミルはトンプソンを非常に立派な人物であると彼の人格を賞賛するのみで、思想に関してはオウエン主義批判を繰り返すのである。留意すべきは、ミルがトンプソンと議論した一八二五年の討論会では、トンプソンはオウエンの思想を代弁したのであって、労働全収権の思想以外は彼の思想の独自性は表れていないことである。このようにオウエンとトンプソン二人の思想が混じったオウエン主義に対してミルがいかに対応したのか、ミルのオウエン主義批判をみることにしよう。

ミルとオウエン主義者の討論会は「富の正しい分配を目指して競争か協同か（whether Competition or Cooperation）、どちらの制度を選択するのがよいのか？」という問題が議題となって、競争の立場にミルが立ち、協同の立場にトンプソンが立つ。競争の立場は、競争と私有財産を前提とする資本主義の立場であり、協同の立場は共同体の建設により体制変革を目指す社会主義の立場である。つまり、ミルとトンプソンが対決した「競争と協同の対立」とは「資本主義と社会主義の対立」の意味である。人口問題を皮切りに始まった討論会で、ミルは先ずトンプソンの労働全収権の思想を批判し、正しい競争原理を認識するよう主張する。先ず労働全収権についてミルは次のように批判する。

オウエン主義の主張する原理は労働が富の唯一の源泉であり、一国の富はすべて労働によって生産されるということである。この論理を推し進めると労働階級のみが富を獲得する権利を有することになる。従って労働階級以外のすべての階級は、労働階級に属する権利の一部を力ずくで強奪するか、労働階級の慈善か寛容によって生活するしかないと考えざるをえない。この思想は誤りであり、オウエン主義の主張に対する答えは次の通りである。富はまさに労働の産物である。しかし、資本家が資本を提供することなしに、労働者は労働することができるのであろうか？　資本家は資本という生産手段の提供に対する報酬をえる権利があるはずである。この資本は労働の産物である一方で、資本家あるいはその先祖たちの労働の蓄積された産物であり、生産物を消費せずに節約から生まれた結果として蓄積されたものである。

次にミルはオウエン主義が競争原理の悪い一面だけをみていると批判する。オウエン主義は競争原理を基礎とする社会の人間が富の追求ばかりに追われているのは間違っており、これを協同体制による仁愛（benevolence）の原理に替えることによって社会はよりよくなるという。しかしミルは協同体制においても競争はなくなるわけではなく、競争原理は人間の利点を伸ばす良い面もあるので競争原理は正しく評価すべきであると反論する。そして競争体制か協同体制かという重大な問題は人間の幸福にとってどちらがすぐれているのかを、両体制の弊害を公平に比較することによって判断するべきという。ミルがこのように競争体制と協同体制を公平に比較することによって判断するべきであるという考えは経済体制の問題を複数の体制を比較しつつ公平に判断しようという比較体制論であり、比較体制論はミルの社会主義論の重要な主張の一つである。一八歳のミルはこの討論会で既に後の思想の萌芽を示している。更にミルは体制の比較にあたり、オウエン主義の四つの欠点を次のように述べる。

第一に共同体において分配の完全な平等を図るとすれば、経済社会のもつ生産力は妨げられる。なぜなら、労働者が働いた労働の成果や貢献度など結果を問われずに、報酬が完全に平等であるなら、多くの労働者の勤労意欲は減退する。努力しないでも同じ報酬がもらえるなら、人間の悪い癖である「怠け癖（love of ease）」により、労働者の生産性は鈍るだろう。この結果、働かない労働者は世論によって非難されるばかりでなく、激しい罰が用意されることになろう。もし労働者が罰を恐れて労働することになれば、それは人間性に逆らうことになり、人間の幸福の総計は大きく失われることになろう。

第二に共同体において競争原理が弱まれば個人は安易さを好む傾向が強まるだろう。そして労働者だけでなく、経営者も競争意識が希薄になればよい経営のための十分な保証をえられなくなるだろう。

第三に共同体はその性格の本質において全体的な規制の制度である。もし規制や管理によってえられる特別の利点があるならば、私は社会における規制や管理に反対しない。しかしながら、人間は行動の完全な自由（perfect freedom of action）を享受する楽しみがあることを誰も否定しないであろう。たとえ管理者が善意で管理するとしても、管理者の命令に従うよりは、与えられた目標に向かって自由に行動する方が限りなくよいのである。私が共同体に反対するのは、それが過剰管理（overrule）という極めて強い理由があるからなのである。

最後に、建物だけでも九億ポンド以上の多額の費用がかかることからわかるように、オウエンの提案する共同体建設の費用は膨大である。イギリスとアイルランド全土にコミュニティを建設して多額に費用をかけるよりは、その費用で英国民全員に最善の教育を施す方が最大幸福の目的達成のためには、はるかに効果的と思われる。

オウエン主義者との討論会における議論の応酬は、ミルの思想形成にとって大きな収穫となった。この時のミルの思想的立場は、憲法と私有財産を基礎として社会改革を図る哲学的急進派の立場であったが、オウエン主義が最大幸福を目指して分配的正義に適う体制を探る姿に感銘をうけたミルは、その後、社会主義への関心を深めてサン・シモン主義者との交流を図るとともに、所有と制度の問題を生涯の課題としたのであった。しかもこの討論会におけるミルの議論は、のちのミルの社会主義論の論点を先取りしミルの思想の萌芽を認めることができるのである。両体制に一方に片寄ることなく公平に比較しながら判断しようという比較体制論、競争原理を否定せずにその良否をみながら競争原理を利用しようという考え、分配の平等をあまりに強く推し進めると、怠け癖がはびこり労働者の勤労意欲が減退するばかりでなく、企業経営者の創意工夫の意欲にも悪い影響がでるという思想、共同体はその性格からみて管理のシステムだから過剰管理となり、人間の自由を脅かす危険性があるとの指摘、共同体の建設には多額の費用がかかるのでこれを止め、教育投資に力をいれることによって社会の改善を図る思想などである。ミルはオウエン主義が人間の最大幸福を目指して分配的正義を図る制度を探る思想には賛同しながらこれを批判するのは、オウエン主義が人間性の把握に誤りがあるからであるという。それは外からの管理や規制ではなく、自分自身の意志により、人間の競争心の良い面を活用して行動することにより、勤労意欲や創意工夫が刺激され、社会的に貢献するばかりでなく人間の幸福も増進するであろうという考えによる。行動の自由が人間の幸福を増進すると考えるミルは、オウエン主義のアソシエーションの構想が規制と管理が強化される制度となる危険性を鋭く見抜き、人間の幸福に連なる自由と自発性を社会改革の核心に据える思想の萌芽をみせたのであった。

（6）ミルとサン・シモン主義

自由・平等・友愛のスローガンを掲げた市民革命が現実には人民の真の解放に程遠かっ

たと感じる人びとの幻滅は、市民革命の指導理念の背景にある啓蒙思想に対する批判を招いた。人間の理性を中心に考える近代合理主義を批判する思想は、人間の非合理的な感情と想像力を重視するロマン主義や、人間を取り巻く環境や制度の改善を図る社会思想となって現れた。ミルは一八世紀啓蒙思想を批判する新しい思想に接し、新旧の思想の対立を一八世紀と一九世紀の闘いとして捉え、功利主義に対してロマン主義、そして自由主義に対して社会主義が調和する可能性を探った。精神の危機を契機としてベンサム主義に疑問を抱いたミルは、当時の思想的状況を現代思想の危機として歴史的に動的に捉える思想に感動し、ベンサム主義に欠けている魅力をサン・シモン主義に感じた。ミルは一八世紀啓蒙思想に対する反動を表現する思想家としてコウルリッジ、ゲーテ、カーライルをあげ、彼らをドイツロマン派という。彼らに思想的な影響を与えたのは、ドイツの哲学者フィヒテ（Johann G. Fichte, 1762-1814）である。フィヒテは自由論と決定論の調和を図り、人間性の完成を目指す感情の陶冶を重視する点で、若きミルの思想形成に重要なところで重なっている。しかしミルは『自伝』ではフィヒテの思想内容については何もふれることなしに、フィヒテの現代批判の意義を認め、それを哲学的に表現しているのがサン・シモン主義とコントであるといっている。ミルがサン・シモン主義を「革命的社会主義」と区別して、オウエン主義やフーリエ主義とともに「哲学的社会主義」と呼ぶのは彼らが独自の哲学をもって啓蒙思想を批判し社会改革を図っているとミルが評価しているとみられる。それではサン・シモン主義とコントの思想から、ミルはいかなる影響をうけたのであろうか?

サン・シモン主義は、サン・シモン（Saint-Simon, 1760-1825）の死後、彼の弟子たち（ロドリーグ、バザール、アンファンタン、オーギュスタン・ティエリーなど）からなるサン・シモン派によって、サン・シモンの思想を更に発展させた思想である。その主張は分配の不平等をもたらす私有財産と相続の廃止、女性の解放、自由恋愛などの問題をテーマに独自に展開され、公開講座や機関誌『生産者（*Le Producteur*）』で公開された。ミルはサン・シモン主義普及のためにロンドンに駐在していたデシュタルの勧めによって、一八二九年ごろからサン・シモン主義の文献を読みはじめ彼らが書いた文献のほとんどを読んだという。ミルがコントとサン・シモン主義から何を学び何を批判したのか、先ずミルの言葉からきくことにしよう。

私がコントやサン・シモン派の人びとから受けた主要な恩恵は、歴史の批判期における思想の「過渡期（an age of transition）」の特性を明確に認識したことである。自由主義のありふれた教義に対する彼らの批判には、重要な真理が多分に含まれているように思われた。私有財産と相続を動かしがたい事実とみなし、生産と交換の自由を社会進歩の最終の宣言と考える古い政治経済学は、限られた一時的な価値しかもたないことを私は彼らから学んだ。社会の労働力と資本が社会全体のために運営され、すべての個人が能力に応じて分類され、各自の労働に応じて報酬を受ける分配の方法は、オウエンの社会主義に比べてすぐれた構想のように思われた。彼らの社会改革の手段は効果的でなく、彼らの社会機構は実行可能で有益に運営されるとは私は信じなかったとはいえ、彼らの目標はのぞましく合理的に思われ、現在の社会に理想を求めて努力する人びとに有益な指針を与えるに違いないと感じた。私が彼らを賞賛したのは社会改革の中でも、重要で根本的な改革を必要とする家族の問題、両性の平等の問題とそれに関連してまったく新しい秩序を主張した点であり、サン・シモン主義はオウエンやフーリエとともに、後の世代に感謝をもって評価されるであろう。

ミルに対する彼らの影響は、以上のミルの言葉を超える範囲におよぶのであるが、それを歴史観、方法論、社会主義論の三つの視点からみることにしよう。

ミルが述べているように、ミルが彼らからえた最大の収穫は、現代を歴史の批判期として捉えるコントやサン・シモン派の歴史観にミルは感銘をうけて思想の過渡期の特性を明確に認識し、批判期と組織期の思想のすぐれた点の調和を図ろうと決意したことであった。ミルは生涯、功利主義と自由主義の立場を離れることはなかったが、思想が歴史性をもつことなしには、現代の課題に応えることができないことを彼らから学んだのである。ミルは動的な歴史観をもつサン・シモン主義にふれてはじめて、経済的自由主義や私有財産制度の歴史的意義と限界を感じ、ミルが父やベンサムから教えこまれた古典派経済学や私有財産を前提とする政治・社会思想を過渡期のものとして、歴史性を考慮した思想の再編を図る緊急性を悟った。ミルはサン・シモン主義の歴史観の影響をうけて「時代の精神（'The Spirit of Age'）」(1831) を著す。ミルはこの論文で、現代は一八世紀の精神と社会秩序を変える指針を示す新しい哲学ないし社会理論が一般的賛同をえられない過渡的な状態にあるので、人類がこの過渡期を脱して「自然的状態」に移行するために、人間の精神科学ないし社会科学を確立することが重要であると述べている。ミルが「時代の精神」で述べる思想と社会の「過渡期」と「自然的状態」という時代区分は、サン・シモン主義の場合、「批判的時代」と「組織的時代」、コントの場合では「神学的、形而上学的、実証的の三段階に分けた時代区分」に従って人類の歴史が進歩するという歴史観に対応している。ミルはこの歴史観に基づいて現代の所有制度が自明のものではなく過渡的であるとして、のちに所有と制度の根本的な見直しを図ったのであった。

ミルが歴史観に関してサン・シモン主義に影響された第二の論点は、人類の発展の歴史には自然の順序があり、人間の完成可能性を目指して進歩と退歩を繰り返しながら、漸進的に展開していくという歴史観である。ヒュームとミルの研究者であるキャパルディによれば、ミルがこの頃賞賛していたサン・シモン派、カーライル、ワーズワス、コウルリッジなどのロマン主義者は保守主義の一面をもっている。保守主義は自然と歴史を分離することに反対し歴史を「進化論的過程」として理解する。進化論という用語はダーウィンの造語ではなく、ダーウィンが当時の社会理論、歴史理論から借用して生物学に適用したものである。保守主義のいう進化論的変化とは、過激な変化ではなく漸進的な自然な変化を意味しているという。ミルは彼らの進化論的な歴史観の影響をうけ、社会改革も過激な構造的な変革には反対し、革命的ではなく漸進的な改革を図るのである。

しかしミルはサン・シモン派の歴史観のすべてを受容したのではなかった。ミルはコントやサン・シモン派が人間の社会や歴史の多様性をみる視点が欠如しているのを批判する。ミルによれば、人間の歴史は一つの発展法則によって推移するのではなく、複数の法則が影響しあって進歩と退歩を繰り返しながら推移する。ミルはコントの『実証政治学』（1822）の感想を述べたデシュタル宛一八二九年一〇月八日付書簡で次のようにいう。

コントによれば、人類の文明の発展の法則はただ一つだけです。一つの法則に支配されるのは昆虫のような下等動物です。人間の能力の発展の傾向は人間が置かれている状況が異なるのと同じように多様なのです。よい例かどうかわかりませんが、イギリスとフランスの文明の進歩は異なる道を歩んできましたし、今後も異なることは明白でしょう。私はコントほどの人物が、文明がただ一つだけの発展法則によって推移することを証明するために、いかに歴史観のすべてを捻じ曲げているかをみると憂鬱になります。

このようにミルはコントやサン・シモン派から現代が過渡期であるという認識と人類の歴史が自然の順序に従って漸進的に発展するという動的な歴史観を受容する一方で、コントやサン・シモン派が社会や歴史の多様性をみる視点が欠如している点を批判するのである。人類の歴史が多様な発展法則によって推移するというミルの思想はミルを理解する上で極めて重要である。マルクスは唯物史観に基づき歴史の動因に経済の生産様式の歴史性を重視する。これに対してミルは、歴史を動かす思想の働きと経済社会の法則の多様性を重視するのである。

ミルによるサン・シモン派の歴史観批判は歴史観の基礎にある方法論批判でもある。ミルはコントの社会学の方法論から多くを学んだ。次章の方法論でみるように、ミルはコントの経済社会を歴史的に把握しようとする「社会動学」や、複雑で変化の多い社会現象を自然科学の方法とは異なる「逆の演繹法」を受容して、これらを経済学に応用する試みをしている。しかしながら、ミルは方法論ではコントに助けられながらもなお、コントが問題を未解決にしておくことを容認せず、コントの方法では一つの法則に支配されて人間の自由と自発性や社会の多様性が認められないと批判する。コントによれば、人類の歴史が今後、実証的段階に入り実証的方法が社会に浸透するならば、人びとのさまざまな意見の対立は解消し社会的矛盾も消滅すると考えているとミルは解釈する。ミルはそのようには考えない。ミルによれば、人類の歴史社会には未解決の問題があってよい。自由主義者であるミルは、人びとが自由に考えさまざまな意見を述べ合い、社会的矛盾や未解決の問題を解決しようと努力することが、人間社会を発展させる原動力と考える。歴史社会は多様性に富み、矛盾に満ちている。ミルは複雑な社会現象の認識のために「半面の真理（the half-truths）」の方法を重視する。この方法はミルがプラトンの弁証法から学び、コウルリッジの叙述やゲーテの「多面性」の思想で確信をえた方法であり、ミルは生涯にわたって思考の弁証法としてこれを意識した。半面の真理というと、我が国では、意見の対立を収めるために、反対意見を足して二で割る折衷主義のように理解されるが、ミルの場合はこれとは違う。対立する意見もよく考えるとそれぞれに真理を含んでいる。しかし意見の対立を上の次元から眺めてみると、二つの意見が真理でありながら一面的であることがわかり、二つの意見を総合する新たな見解が生まれる可能性があるというのである。ミルは人々の意見が多様に分かれるのは、意見を述べる人びとの個性の多様性とともに、人間の考えの作用する歴史的社会の複雑さの反映と考える。ミルはその多様性が人間や社会の発展の原動力となるから、言論や思想の自由と人間の個性は尊重されなければならないが、同時にこのような人間と社会の多様性を半面の真理の方法で、できる限り正確に捉えるべきであると考えたのである。

最後にミルはコントとサン・シモン主義の社会改革案をどのようにみていたのかをみることにしよう。ミルは『自伝』で自分の社会主義論はサン・シモン派とハリエットの恩恵をうけたと述べている。ミルのこの言葉はミルの社会主義論がサン・シモン主義に強い影響をうけているかのような印象を与えるのであるが、両者の思想を比較してみると、この印象は覆されるのである。ミルはサン・シモン主義の功利主義や自由主義に対する批判に新鮮さを覚え、彼らの批判から私有財産を自明の前提として理論展開する古典派の経済思想は一時的な価値しかもたないことを学んだ。そして彼らが目指す社会機構が実行可能で有益に運営されるとは思わなかったとはいえ、サン・シモン主義の家族問題や女性問題の提案を含めて、彼らの目標と努力を社会改革の理想に有益な指針を与えるものと評価した。この点ではミルはサン・シモン派の恩恵をうけている。しかしながら、サン・シモン主義とミルの思想は異質である。ミルはベンサム主義の限界を知ったとはいえ、ベンサム主義を批判的に継承して功利主義と自由主義を軸に思想を展開した。ミルがサン・シモン主義を強く批判するのは彼らの専制主義であり、彼らのアソシエーション論に多様性がみられず未解決の問題を許容しないことである。サン・シモン派は『サン・シモン主義宣言』（1830）第八章で中央集権的な新しい権力によって人民を統治する思想を述べた。この書物はサン・シモンの死後三年半たった一八二八年の暮れから弟子たちが行った講演をまとめたもので、サン・シモン主義の代表的著作である。ミルは彼らの権力によって人民を統治する思想を専制主義として強く批判し「所有論」で次のように述べる。

この制度（サン・シモン主義の協同社会）は、集団の指揮者の絶対専制を必要とする。少数の指導者が社会全員の能力と労働の成果に応じて、権力によって分配的正義の実施者となることが果たして可能なのであろうか？　指導者がいかに厳選されたすぐれた人間であろうとも、権力によってすべての人びとに満足を与えるという思想は、全く架空な考えであり反駁を加えるまでもないのである。

サン・シモン派が専制主義を唱える一方、コントの思想は精神的権威主義であるとしてミルはコントを批判する。ミルはコントに従えば、人間の自由と自発性という社会改革のための重要な柱が抜け落ちてしまうという。中央集権を排除して民主主義の立場に立つミルは、精神的権威によって人びとの自由を束縛することにも反対し次のようにいう。

コントは精神的権威をもつ哲学者の団体が国家から援助をうけ、教育に対する全面的な指導権を掌握する構想を抱いている。この政府は銀行家が最上位にたち、商人、製造業者、農民といった序列のある資本家たちの貴族的階級体制であり、代議制民主主義的組織は勘案されない。コントは精神的権力によって指導される意見の圧力をすべての個人に極めて強力にすることによって、法律による規制を少なくすることを考えている。コントにおいては、個人の自由と自発性が占めるべき位置をもたないのである。

このようにミルが『自由論』で展開した人間の自由と個性を主張する思想から、コントやサン・シモン派の専制主義あるいは精神的権威主義を厳しく批判したのである。

しかしながら、ミルのコント批判はこれに止まらない。のちに「所有論」の検討でみるように、ミルは彼の思想的特質から体制の問題の結論を未決としている。実証的思考においても未解決の問題がありうるのは当然のこととしているミルにとって、人間の精神の歴史が実証的思考によって超自然的な問題をも解消して一つの法則に従って段階的に移行するというコント説には同意できなかったと思われる。ミルの批判は、コントの実証的思考様式によれば、社会問題のみならず宇宙の起源などという問題も解消されて世界の創造者に対する信仰は止めることになろうという文脈において次のようにいう。

コントの間違いの一つは、未決問題（open questions）を許容しなかった点にある。実証的思考様式は宇宙の起源などという超自然的な問題を否定するものでない。自然法則は自分自身の起源を説明するものではないのである。

以上のようなミルのコントやサン・シモン主義批判をみると、ミルの思想に与えた彼らの影響は、功利主義や自由主義を批判する彼らの刺激が強かったのは事実としても、ミルの『自伝』での叙述からうける印象のように幅広いものではなく、むしろミルが彼らを批判する印象の方が強い。ミルが『自伝』でサン・シモン主義を新様式の政治思想として評価するのは、彼らの思想の中身よりもむしろ現体制を見直す目標でありヴィジョンにミルがヒントを受けたように思われる。

(7) ミルの思想的特質について

若きミルの思想形成を辿ってこれから本論に入る前に、ミルの思想的特質についてみておくことにしよう。スコラプスキーは、ミルの哲学には功利主義、自由主義、自然主義＝経験主義の三つの思想的源泉が調和しており、研究者によってこれらの思想のいずれかを重視して解釈しているという。スコラプスキーが自然主義と経験主義とを結びつけているのは、ミルが人間や社会を自然の一部として捉える思想と歴史社会を経験科学的に捉える方法論とが調和しているからのようである。ミルの社会主義論はまさにこれらの思想をミルなりに修正してバランスしているのが特徴的である。ミルの社会主義論の議論を先取りするのであるが、ミルの思想の中には功利主義、自由主義、経験主義の三つの思想が調和している。

ミルは『経済学原理』第2編第一章の所有論で社会主義論を述べたが、その結論的な叙述で、いかなる体制が人間の幸福を増進するかを判定し選択する鍵を推測するとすれば、人間の自由（liberty）と自発性（spontaneity）を最大限に発揮できる体制であるといっている。そしてミルは、いかなる体制がすぐれているかという問題は実際に正しい試験がなされているわけではないのでこれを未解決の問題として、人類は体制選択のためには、私有財産制度と共産主義を両極として、対立する思想のそれぞれの最善の状態で制度比較をしながら判断すべきであると主張した。

ミルが体制選択の決め手となる鍵を、人間の自由と自発性を最大限に発揮することができる体制であるかどうかとしたのは、ミルの功利主義と自由主義の立場からミルの目的論の究極のアート（目的）である最大幸福原理を設定したことを意味する。ミルは功利主義者として、功利性あるいは人類の最大幸福原理を目的論の究極的規準、または第一原理とする。そしてミルは自由主義者として、人間および社会の「唯一の確実な永続的な改革の源泉は自由である」と考える。自由と功利性の関係は、「個性の自由な発展が、幸福のもっとも本質的な要素のひとつ」であることによって結びつくのである。他人や社会に迷惑をかけない限り、人びとが誰からも強制され規制を受けることなしに、自由に自分の意志で個性や才能を発揮することが、個人の幸福を増し社会の改革の源泉になるとミルは考えたのであった。このようなミルの思想が体制論に適用されると、自由と幸福、および自由と自発性の関係は次のように解釈される。すなわち、ミルはよりよき制度を求める体制論に、功利主義と自由主義が融和するものとして功利性を目指す究極のアートを設定した。それは幸福の要素である個性の自由で自発的な発展、ないし人間の意志の自由を最大限に発揮することによって、人間および社会の進歩を図る制度改革がなされなければならないのである。

次に、ミルは体制比較のための正しい試験がなされたことがないので特定の制度がのぞましいとは判断できず問題を未解決にした。それはイギリス経験論を継承するミルの思想の科学性の表れである。ミルは人間を自然の一部とみなし、人間の集団である社会を科学の対象とし、観察と実験による証拠によらなければ、合理的な真理は見出されないと考える。そして経験主義者であると同時に自由主義者であるミルは、自由に個性がぶつかり合う矛盾の存在が社会の進歩の条件として永遠に存続すると考えるから、矛盾をはらむ社会の改革は果てしなく続く。これは歴史の終わりにすべての矛盾が消滅するというヘーゲルやマルクスの思想とは大きく異なる。このように社会的矛盾の存在と矛盾の解決への努力が社会の進歩の条件とみるなら、体制の選択は「新しい光が、絶えずあてられる未解決の問題（「遺稿」）」であり続けることになるのである。

以上のような思想的特質をもって、ミルの社会主義論はいかなる展開をみせるのであろうか？　ミルの社会主義論の形成を辿りつつ彼の主張をみることにしよう。

四　ミルの社会主義論

（1）方法論

本論に入る前にミルがいかなる方法によって社会主義論を展開したのかをみることにしよう。

『論理学体系』（1843. 以下『論理学』という）はミルにとって『自由論』（1859）と並んでミルの代表的著作である。ミルは『論理学』にまとめた方法論をその後の研究活動の指導原理を示すものと考えた。ミルは一八三〇年ごろ父ミルとマコーリとの政治理論の対立が方法論の違いにあるのを知り、正しい理論を打ち立てるためには、理論の基礎にある方法論が大切であると考えるようになった。ミルは自分の方法論を確立するために、演繹法と帰納法の基礎を固め、両者を総合することを意図して研究をはじめる。ミルの研究は、ヒューエル『帰納法諸科学の歴史』(1837) やハーシェル『自然哲学の研究に関する論考』(1830) によって助けられたのであるが、ミルがもっとも影響をうけたのはコントの方法論であった。ミルは『オーギュスト・コントと実証主義』(1865) でコントの社会学 (Sociology) の社会科学への貢献を高く評価した。コントの方法論は先行するいかなる研究よりも真実であり、より深淵であって、社会科学の一時代を画するものと絶賛している。ミルがコントの方法を受容したのは、「社会静学 (Social Statics)」と「社会動学 (Social Dynamics)」の区別、および社会動学における「逆の演繹ないし歴史的方法 (the inverse deductive or historical method)、以後「逆の演繹法」という) であった。ことに「逆の演繹法」はミルがコントから恩恵をうけた主要な概念であると認めている。ミルは社会現象が自然現象と比較して極めて複雑であるために、自然科学と同じ方法では社会の法則性を総合的に捉えることが困難であると判断し、コントの「逆の演繹法」が社会科学の方法としてすぐれていると考えた。ミルは社会科学の方法論について次のようにいう。

社会学は「傾向 (tendencies) の科学」である。社会の研究は「その異常な複雑さから」自然科学の方法である「直接的演繹 (direct deduction)」あるいは「物理的ないし具体的演繹法（the physical, or concrete deductive method）」が全く適用不可能である。しかし幸いにしてこれを償う方法として「逆の演繹法」があるのである。

しかしながら、ミルの社会主義論に関しては、このほかに「実践の論理（アートと科学）」と「比較体制論」の方法が用いられているのが特徴的である。

実践の論理はミルがベンサムから学んだ方法で、『論理学』の最終章で述べられた。ミルによれば、人間のすべての行為は、その行為の目的となる「アート（Art, an end to be attained）」があり、人間は科学の力を借りてこの目的を目指した行動をとる。例えば、医者には人間の病気を治すという目的があり、そのために科学（医学）の知識を駆使する。この場合、病気を治すという目的はアートの領域であり、医者がこの目的のために医学の成果を利用するのは、科学の領域である。このように、アートと科学は区別されるべきものではあると同時に相互依存性がある。限りなく多い病気の症状に対応して治療の目的のために、医学は試行錯誤を繰り返しながら、進歩していく。医学はその進歩の過程で、それが人間のために正しいのかどうかを問う。延命治療がいくら進歩しても、その進歩が人間の幸福を増すのかどうかは常に問われなければなるまい。意志の論理学である倫理学はアートの領域にあるが、一方、科学は存在の学問あるいは悟性の論理学として法則性を探りこれを実証する。

ミルの社会主義論におけるアート（目的）は、功利主義における究極のアートである「人間の幸福の増進」である。このアートに従属する二次的アートは、「分配的正義」「労働の尊厳」「勤労の組織化」である。社会科学はこの二次的アートにとってのぞましく実行可能な制度を選択することになる。言い換えると、ミルの社会主義論のアートは最大幸福原理であって社会主義ではない。資本主義か社会主義かという問題は、科学の領域である。ミルはこの体制の選択を未解決の問題として科学の課題としたのであった。

ミルの社会主義論のもう一つの方法は比較体制論である。比較体制論は好ましい制度の選択のために、先入観のない公平な実験を重ねながら、条件が同一であることを条件に制度の優劣を比較する科学的な方法である。比較体制論の方法は社会静学＝具体的演繹法である。社会静学は歴史的変化をできるだけ無視し、人間性の法則を基礎に社会現象相互の作用と反作用を明らかにする。社会静学の方法である具体的演繹法は自然科学の方法であり、観察と実験による直接帰納、その原因の作用と反作用の論証、論証された結果と他の経験的法則との比較による検証という三つの操作を経る。ミルはこの方法を意識して、

「所有論」においてサン・シモン主義、フーリエ主義、共産主義、そして遺稿「社会主義論集」（以後「遺稿」という）においてルイ・ブラン、フーリエ主義、オウエン主義を「市場競争と私有財産の制度（資本主義）」との対比において、異なる制度の比較検討を試みたのであった。

他方、ミルはハリエットが書いた論文を土台として彼女の主張を尊重した論文をまとめ、それを「労働階級の将来の見通し」の章として社会動学の領域に属する『経済学原理』（第3版）第4編に加えた。しかしミルがこの論文を『経済学原理』の一章に加えたことでミルの体制論に方法論的な問題が生じた。社会動学は社会静学が歴史的変化をできる限り無視するのとは反対に、人間社会の歴史的な法則性と進歩性を明らかにするための方法である。社会静学と社会動学との関係は、静学が動学の経験的法則から導かれた派生的法則を探究するのに対し、動学は静学の分野である人間性の法則による不断の検証を必要とする。そして社会動学の方法は「歴史的方法もしくは逆の演繹法」である。逆の演繹法は、社会現象が異常に複雑なために用いられる方法で、人間が認識できる特定の歴史的な経験から暫定的結論をえた後に、その結論が既知の人間性の法則から導きだせるかどうかを演繹的に確かめる方法である。

ミルは社会動学を社会静学における人間性の法則によって検証する場合、心理学と「エソロジー（Ethology, 性格形成の科学）」あるいは「ポリティカル・エソロジー（Political Ethology, 国民性の科学）」による検証なしには、社会現象の把握に科学的な欠陥が生じると考えていた。エソロジーとポリティカル・エソロジーは、ミルがベンサム主義による人間と社会の把握に問題があると考えて、人間の個性のもとをつくる性格の形成と多様な国民性を科学的に解明しようとして思いついた方法論の構想である。ミルは一八四三年に『論理学』を出版した後にこの科学の構想を練っていたが、構想はまとまらずに計画倒れに終わってしまった。ミルの社会主義論の本来の意図によれば、所有論（社会静学）と「将来の見通し」の章（社会動学）が心理学、エソロジーとポリティカル・エソロジーを媒介として、文脈の上でも、また方法論的にも整合性のとれた理論が述べられなければならなかった。ところが実際に書かれた「将来の見通し」の章は、エソロジーとポリティカル・エソロジーの媒介がないばかりか、動学的理論に対する具体的演繹法による論証もなしに、フランスにおける「アソシエーション（資本と労働のアソシエーションすなわちパートナーシップ、および、労働者アソシエーションすなわち生産協同組織）」の成功例を列挙することによって、私有財産制からパートナーシップを経て、最終的には現体制が労働者アソシエーションへの体制へと変革することが短絡的に予測されている。それは「将来の見通し」の章に、ミルの思想とそれとは違うハリエットの思想が混在していることの帰結であり、この結果、体制論の未決（所有論）と体制変革（「将来の見通し」の章）という矛盾した文脈が同じ書物に現れ、ミルの方法論からみて論証が不十分で科学性に乏しい論文がミルの思想として公表されたのであった。

ミルは『論理学』で帰納法と演繹法、および社会動学と社会静学との調和を試みた。従ってミルの社会主義論も本来なら、これらの方法の調和の上で議論が展開されるべきである。しかしながら、ミルの社会主義論の主張が述べられる「所有論」は社会静学の領域である『経済学原理』第2編に属するから、逆の演繹法による社会動学的な考察がなされているわけではない。ミルは科学者であるから、『自伝』で述べているように、最初の構想段階では「将来の見通し」の章を第4編に挿入する意図は持ち合わせていなかった。ところが社会主義論の中に動学的な考察を欠くとすれば、『経済学原理』のもつ意義が薄れるとハリエットに強くいわれてこれに従い、彼女の直観による歴史的な体制変革の見通しの主張を『経済学原理』の中に採用したものとみられる。スケールの大きいミルの社会主義論の中で彼女の議論は、多様性のある歴史的推移の可能性のひとつとして包摂できるのかもしれない。しかしミルの社会主義論は彼女の議論を含めた複雑な思想が展開されているので、ミルの初期の著作とともに、晩年の「遺稿」の主張をミルの思想の全体像から読むことによってはじめて彼の真意が理解できるとみられるのである。

(2)『経済学原理』までの社会主義論

ミルは、思想形成の第二期、すなわち一八四〇年までに自分の思想の骨格が出来上がったといっている。これを社会主義論についてみると、青年時代のオウエン主義者との討論によって触発された体制論の構想が、サン・シモン派との交流を通じて熟成され、一八四〇年はじめの方法論の確立によって、理論の骨組みが出来上がったものと理解される。

ミルの社会主義論は、『経済学原理』第3版（1852）第2編第一章「所有論」、第4編第七章「将来の見通し」の章および「遺稿」の三つの論文を中心に議論される。この議論の中でミル研究者の間で未だに決着のついていない問題がある。それはミルの思想の解釈の問題で、「所有論」と「遺稿」におけるミルの主張と「将来の見通し」の章における主張が矛盾することによるものであり、一体ミルの真意はどこにあるのかという問題である。

三本の論文のそれぞれの文意の意味を理解するだけでなく、方法論を含むミルの思想全体から解釈するなら、「所有論」と「遺稿」にミルの思想を読む方が自然であり合点がいく。しかしながら、問題はそう簡単ではない。なぜなら、ミルは半面の真意を尊重するから、たとえ、それがミルとは矛盾する意見であっても、その意見に多少とも真理が見出せる場合は、真剣にその真理を述べるから、読者はその意見をミルの主張として解釈してしまう。しかしミルのような多面性のある思想を理解するためには、個別の主張をそのまま受け取るのではなく、思想の全体像から個別の思想を眺めるのでないといけない。この点を意識しながら、『経済学原理』に至るまでの社会主義論における思想の流れと、ミルの社会主義論の結論を示しているとみられる「遺稿」との関連から、ミル独自の思想がいかなるものかを探ることにしよう。

『経済学原理』第３版（1852）に至るまで、ミルは「労働の主張」（1845, 'The Claims of Labour'）、「二月革命の擁護」（1849, 'Vindication of the French Revolution of February 1848'）、「ニューマン経済学」（1851, 'Newman's Political Economy'）という三本の論文で社会主義について検討している。ミルは「労働の主張」で社会主義論の議論をはじめ、「二月革命の擁護」で自らの政治的立場を、そして「ニューマン経済学」で経済思想的立場を表明した。これらの論文は『経済学原理』初版（1848）と第3版（1852）との執筆時期とほぼ重なるために、ミル研究者の意見が分かれる論点、すなわちミルの思想が初版と第3版で変化しているのかどうかという問題の解明に役立つのである。結論を先取りすると、ミルの社会主義論の主張は、これら三本の論文と『経済学原理』初版から第3版を含む改訂版のすべて、そして晩年の「遺稿」まで首尾一貫しており、原理的な変化はない。ハリエットの思想が混在した『経済学原理』第3版以降の改訂版における「将来の見通し」の章をミルの思想として重視すると、ミルの思想は第3版執筆から数年間変化しているようにみられる。しかしながら、ミルの社会主義論の主要な展開がなされる「所有論」とその結論を示す「遺稿」との関係、ならびに方法論を含むミルの思想の全体像から考察すると、ミルの社会主義論の主張は何なのかという点で納得がいくのである。では第3版改訂までの時期にミルが何を考えたのか、これらの論文を調べることにしよう。

ミルが初めて労働問題について述べた「労働の主張」（1845）は、アーサー・ヘルプス（Sir Arthur Helps, 1813-75）の同名の著書の書評をミルが一八四五年四月に『エジンバラ・レヴュー』に投稿した論文である。アーサー・ヘルプスは、ヴィクトリア女王に信頼の厚かった枢密院の官吏で社会福祉への関心が強く、多くの著書やエッセイを残している。彼は一八四四年七月に公表した著書で、この時代に社会運動の盛り上がりをみせる労働問題に鋭く焦点をあて、上流階級の中でも特に雇用者側の反省と注意を促したのであった。ヘルプスは労働問題の解決を図るためには、雇用者が博愛の精神をもって労働者の面倒をみることが肝要という。ミルはヘルプスの主張を労働問題の重要性の認識と新しい道徳世界を目指す大きな社会制度改革の提案として高く評価する。しかしながら、ミルはヘルプスの博愛の精神による雇用者側の反省と注意を促す父権主義的な改革案に反対する。ミルはヘルプスの博愛による改革ではなく、労働問題を経済学という学問的な手段によって労働者と資本家という階級間の経済問題として捉え、労働者の精神的改革と経済法則の認識による制度改革の両面から解決を図る。ミルによれば、現在イギリスにおける労働者の状態は、労働者が生産のためにただ買われた道具となっており、労働者が仕事に興味を持たないことが大問題である。この状態を改め労働者は自由で自発的な労働を取り戻し労働階級の地位を向上させなければいけない。そしてその救済策は教育と制度改革である。教育により労働者の知的道徳的向上を図り、経済法則を認識し法則性の制御を図る。例えば、マルサスの人口法則の制御である。マルサスは労働人口の増加が食糧生産をはるかに上回るとともに、労働供給の増加が賃金安を招き労働者が困窮するという原理を明らかにした。

そして労働者が思慮分別をもって出生を制御することによって飢餓から逃れる道をマルサスが示したのだとミルはいう。ミルは労働者が思慮分別をもつためには教育が重要であり、教育による労働者の精神改革の効果が社会改革の面でも大きいと考える。観念連合の原理によって人間性の無限の改良が可能であるという父ミルの教育思想を継承したミルは、労働者に対する教育の重要性と教育による労働者の知的道徳的水準の向上を訴える。そして社会改革は暴力でなく民主的に行うべきであるとして次のようにいう。

社会改革は人間と世界の自然が調和しなければいけない。それゆえ、大衆を扇動して暴動を起こす革命については、社会的調和を乱すがゆえに反対である。一八三二年の選挙法改正の勝利は、物理的な力で早急に制度改革を要求する人びとに、その物理的な力を道徳と社会的な示威運動に転換することを教えた。労働者は、教育によって秩序と調和の気質を身につけ、公共的利益について議論して世論を形成することによって社会改革をするようにならなければならない。

このように暴力革命を否定し社会の秩序と調和を維持しつつ世論を形成することによっ

て社会改革を図るミルは、労働者の勤労の権利と資本家の所有の権利の調和を図る唯一の実践的な方法として「協同の働き」を利用することを提案する。それは労働者が人間的な労働を回復するために、少額の資金を出し合って、共同出資の原理によって「労働者自身が雇用者になる」アソシエーションの試みであり、ミルはこのアソシエーションの実験を繰り返し行い、私企業と比較しながら経験的に体制の問題を検討すべきと考える。このアソシエーションの構想は、ミルの言及はないとはいえ、トンプソンの思想と共通している。ミルとトンプソンはともに功利主義者であり、功利主義は人間の最大幸福を目指すために生命の維持に不可欠な手段である労働が、労働者にとって不満のある状態であってはいけないと考える。ミルとトンプソンは、ヘーゲルやマルクスの哲学のように、労働を人間の本質とみなして思想を展開するのとは異なるが、労働が人間の生存のための所有の安全を確保する重要な活動とみなす。従って、労働者が買われた道具となって仕事に生きがいを感じないような状態になっているとすれば、これは極めて重大な問題である。この問題は父権主義による労働者の保護ではなく、労働者みずからの自覚によって自主的に行われなければならない。ミルは「労働の主張」でトンプソンの影響とみられるアソシエーションの実験によって科学的な問題解決を示した。しかしミルがトンプソンの影響をうけながら、トンプソンと異なるのは、ミルは必ずしもアソシエーションへの改革を唯一の選択肢とせず、アソシエーションの実験と私企業との比較による選択を考えている。例えば農業については、小規模な自作農による改善努力の評価と労働者による土地の共同所有のアソシエーションとの比較検討をいう。ミルはここでもオウエン主義批判の際に示した比較体制論の思想を示している。このように「労働の主張」は、労働によって人間の自由と自発性を発揮すべきとするとともに、体制の問題を教育と比較体制論という科学的な方法によって解決しようと主張するミルの社会主義論の出発点を示す論文であった。

次に「二月革命の擁護」ではミルは何を主張しているのであろうか？　マルクス・エンゲルスが『共産党宣言』を発表した一八四八年、ヨーロッパではフランス二月革命、ドイツ、ウィーンの三月革命など革命の嵐が吹き荒れた。イギリスにおいてもフランス、ドイツの革命に刺激され社会主義や労働運動に対する関心が急速に高まった。ミルはイギリスにおける人びとの社会的関心の変化を敏感に察知して「二月革命の擁護」を著し、自分の政治的立場を表明する。この論文は、フランス二月革命と共和政に反対したブルーアム卿（Henry Brougham, 1778-1868）に対するミルの批判である。ブルーアムは、一八〇二年に『エディンバラ・レヴュー』の創刊に関わり、一八〇五年からベンサムと交流している。一八一〇年に下院議員となり、ベンサムの指導をうけながらベンサムとは異なる立場で法律改革に尽力した人物である。ブルーアムはフランスでおきた一八四八年六月蜂起の後に書いたパンフレットの中で、自分を「一八四八年のバーク」と呼んで二月革命を「フランスと世界にとって最悪で有害な出来事」であると非難する。これに対しミルは二月革命の歴史的意義を正しく評価すべきであるとして革命を肯定的に評価し「ブルジョアの立場から労働者を蔑視する」ブルーアムを批判する。「二月革命の擁護」はミルの政治的立場の表明であるとともに、ミルが分配的正義をはじめとする社会主義者の目標と体制選択のためのアソシエーションの実験の歴史的意義を認めた論文として評価される。ミルは次のようにいう。

二月革命が生んだ国立作業場の試みは失敗に終わった。しかしこの失敗は、共和政体の瓦解ではなく、共和政への革命に続く社会主義の試みへの合図として捉えるべきである。社会主義とは、社会的利益の公平でない分配に対する抗議の近代的形態である。もし過去の努力を無視して完全な平等を図る社会主義に対する不満が強いなら、私有財産と遺産相続を認める社会主義もあるだろう。社会主義は労働者による分配的正義の要求であるとともに、労働の尊厳をめざし、労働が労働者に帰属することを求める運動である。この原理の応用がルイ・ブランの提案する「勤労の協同組織の実験的な設立」である。

ルイ・ブランの提案は「勤労の組織化」を目指したオウエンやサン・シモン派と同様に、国立作業場の設立によって勤労の組織化の実験を試みるものである。「勤労の組織化」は「分配的正義」と「労働の尊厳」とともに社会主義の目指す目的の一つである。経験主義者であるミルにとって国立作業場の試みが失敗したとはいえ、体制の異なる社会制度の実験が国によって実際に行われたことが画期的な意義をもつのであった。ミルは体制の問題をイデオロギーではなく科学的な実験の対象にしているからである。しかしながら、ミルは分配的正義をはじめとする社会主義の目標には共鳴しつつも、社会主義者に距離を置く自分の政治的立場を次のようにいう。

我々は、ベンサムとともに人類の最大幸福のため、よい社会組織を目指す目的をもつ。社会主義者が主張する平等は、功利性原理に従属する目的の一つとしてみられる。一八世紀の人間であるブルーアムが、公共的精神の支配する世界を建設しようというオウエンやルイ・ブランの計画を全く否定するのは誤りであろう。しかしそれにもかかわらず、社会主義者の提案する手段に対する我々の不信は高まっている。協同的アソシエーションが果たして分配的正義を実現できるのかどうかについて問われるなら、私は人類の現在の教育水準から判断して否定せざるをえない。現在の哲学者と政治家の課題は、革命的手段によって社会変革がなされることのないように、社会主義者の目的と努力を利用することなのである。

以上のように、ミルは分配的正義、労働の尊厳、勤労の組織化という社会主義の目標に共鳴し、アソシエーションの実験を主張した「労働の主張」に続いて、アソシエーションの実験が国によって実際に行われたことを評価した。しかしながらミルが社会主義者と距離をおくのは、社会主義者の提案する改革の手段には必ずしも賛同しないからである。ミルは最大幸福を第一原理とする功利主義の立場から科学的な法則性の認識を重視する方法論に従って、彼らの「目的と努力を利用する」ことに意義を見出すのである。

最後に「二月革命の擁護」の二年後に執筆した「ニューマン経済学」(1851) でミルが、

いかなる経済思想的な立場をとっているかをみることにしよう。ニューマン（Francis W. Newman, 1805-97）はロンドン大学の古典学と哲学の教職に就いていたが、ベドフォード女子大学の設立に関わり、同大学で経済学を教えるために『政治経済学講義』（1851, 以下、ニューマンの『講義』という）を著す。ミルが批判するのはこの『講義』である。ミルは『講義』の学問的な水準は低いと酷評するのであるが、それにもかかわらずこの本の書評をするのは、教科書が学生に広く読まれるため、経済学の正しい知識を学んでもらうとともに体制に対する理解を学生にひろめる必要性を感じたものと推測される。ミルはニューマンの体制認識の甘さを批判し、自らの思想的立場を表明する。

ミルによれば、ニューマンは私有財産制度を擁護し私有財産は人間に与えられた自然権であるという理論を自明のものとして社会主義を毛嫌いする。ニューマンが社会主義の誤りを指摘するのは、道徳、政治、経済の三点である。まず道徳面では、社会主義が人間の正義の義務を人類みな平等に扱うのはかえって不平等だということ、そしてもし社会主義社会で財産が共有されるとすれば、人間の利己心が著しく減退しこれは人間性に反するからよくないという点である。次に政治面では、労働配分の自動調節作用のない社会主義社会で労働配分のために指導者の専制が不可避である。専制政治のもとでは人民が愚鈍になるという批判である。これは資本主義社会では職業選択が自由になされるが、社会主義社会では人びとの職業を計画的に配分されなければならない。このため労働配分を管理し統制する指導者に権力が集中し専制政治になるであろうという社会主義批判である。最後に経済面では、ニューマンは社会主義者が競争に反対するのを批判し、市場競争なしの価格形成はありえないから競争を失くすことはできないと批判する。

ニューマンの社会主義批判に対し、ミルは社会主義社会において人間の利己心が減退するであろうという指摘は理解できるとしても、この論点を除くと、ニューマンの批判は著しく正確さを欠き誤りがおおいと反論する。ミルはこの反論の前に、社会主義の定義を次のように行ってから批判する。

「アソシエーションあるいは協同（association or co-operation）」という実践的原理に基づいて、競争および生産手段としての私的所有に反対するものを社会主義者という。彼らは競争と私的所有から増大している物理的道徳的悪を失くすために、少なくとも生産手段の私的所有を容認せず、働くものすべてが協同組合的アソシエーションを組織して、共通の利害のために働き、競争によってではなく、前もって計画された正義の原理に基づいて、働くことのできないものと生産物を分かち合う社会制度を目指す人びとである。社会主義には、平等を強調するもの、受け取る報酬に量的質的貢献度を考慮すべきというものがある。アソシエーションの在り方についてもさまざまな意見があり、一様ではない。

このように社会主義を定義したミルは、先ず道徳に関してニューマンが、社会主義は正義の義務を人類みな平等に扱う誤りを犯しているという批判に対して次のようにいう。

ニューマンは道徳的判断、感情の高貴さや寛容さを軽蔑するまったく低俗な精神の持ち主である。それは彼が人びとの利害を超えた慈善（beneficence）の義務に対する理解を欠いているからである。私有制のもとでは他人に対する援助や犠牲が利害関係のある特定の人びとに片寄りがちである。しかし道徳はそのようなものではなく、正義の義務は人類すべての人びとに対して平等であるべきものなのである。

次に社会主義社会における労働配分の困難性が指導者の専制を招くという問題である。

ミルもニューマンと同じくこの困難性を認めるのであるが、しかしニューマンがこの困難性についての理解が不十分であり社会主義を全面的に否定するのは行き過ぎであるとしてニューマンを批判する。ミルによれば、社会主義者がこの問題を安易に考え、この問題の解決を過信している態度がみられるのは事実である。しかし彼らの中でオウエンやフーリエは彼らなりにその解決を考えており、人びとの工夫が解決の道につながるかどうかは現時点では断言できない。従ってミルはニューマンのようにこれをもって社会主義を否定するのは偏見としかいいようがないという。

最後にミルは、ニューマンが社会主義者の市場競争反対論を批判するのは的外れであるとニューマンに反論する。ミルもニューマンと同じく市場競争原理を擁護するのであるが、ミルはニューマンの市場競争の理解を問題とする。ニューマンは市場競争を通じて以外の価格形成はあり得ないので、社会主義者の競争反対は誤りという。それに対しミルは、社会主義者は競争なしで済ませられると主張しているのではない。彼らは競争の弊害が生じる社会制度の欠陥を指摘し、いかなる制度において正しい競争がなされるかを問題にしているのであるとミルはいう。

このようにミルがニューマンを批判するのは、ミルは彼が思想的に社会の進歩に背を向ける「保守主義の主唱者」であるせいであるが、他方においてミルはニューマンに賛同したい論点もあるという。それはニューマンが、地方自治の役割を認めていることに加え、資本家の農業経営に労働者を共同で参画させ有限会社のパートナーシップを主張しているのはミルの社会主義論の検討事項である。またミルのニューマン批判において、唯一意義を認めている社会主義において人間の利己心がどのように荒廃するのかという問題は、異なる経済体制において人間性がいかに変化するのかというエソロジー（性格形成の科学）の問題につながり、ミルの主要な問題関心の一つとして社会主義論の課題となるのである。

以上のようにニューマンを評価しつつも批判するミルが述べる体制の問題は、前の二つの論文と同じ主旨のものであり、ミルは次のようにいう。

> 体制の問題は、功利性（最大幸福）原理を究極の道徳的規範として、労働生産物の分配的正義を目指す正しいルールを作るべく、科学的な実験の繰り返しと、よい教育と政治による人類の道徳的改善によって、思想と議論の働きで解決を図るべきである。

『経済学原理』第3版（1852）の改訂と同じ時期に書かれた「ニューマン経済学」は、

ミルが社会主義にもっとも接近した時期の著述でありながら、社会主義への必然的な体制移行を述べるものではなかった。それは二月革命後の社会的変化を背景として所有と制度の問題を根本から見直し、功利性原理を究極の規準として科学的に体制を見直す構想を示すというミルの経済思想の表明として評価されるのである。

(3)『経済学原理』の社会主義論

ミルは『論理学』(1843) によって方法論を確立したので、この方法論を基礎として思想を展開することにした。ミルは先ず「エソロジー」(性格形成の科学) と「ポリティカル・エソロジー」(国民性の科学) を立ち上げて人間の性格と社会の多様性の原理の基礎を探ろうと考えた。しかしこの科学は学問として成立させることが容易ではなく、結局構想倒れに終わってしまった。ミルがこの計画を断念したのは、エソロジーを学問として立ち上げるためには、心理学や生理学などこれに関連する諸科学の力を借りなければならず、当時の研究の水準からみてミルはこれがむずかしいと判断したものと推測される。そこでミルが着手したのは、一八三〇年代から探求してきた経済学の研究を一つの体系にまとめることであった。ミルの経済学の研究は『経済学原理』として一八四八年のはじめに出版され公開された。売れ行きは順調で翌年の春には第2版をだしている。『経済学原理』には「社会哲学のための応用」という副題がついている。ミルの思想体系の中で経済学は、自然科学と並ぶ社会科学（Moral Science）の一分野である。ミルによれば、科学はアート（目的）と不可分の関係にあり、社会科学は人類に最大幸福を目指すという目的をもって、人間と社会の法則性の解明を行う。社会哲学はこの目的を扱う領域にあり、経済学は社会哲学への応用をもってこの目的に従事しなければならない。ミルの思想においては、人間の幸福と社会福祉を意識しない経済学は、その本来の任務を忘れていると考えられるのである。

ミルは『自伝』で『経済学原理』における従来とは違う自分の独自性は分配論にあると述べている。それはスミスの流れを汲む経済学が私有制を前提として理論展開しているのと違って、経済法則が自然法則のように必然性をもつものだけに限らず、人為的に決めることのできる社会制度との関連で変わるものがあるという視点で理論化していることであるという。このことはミルがいかに分配論における所有と制度の問題を重視しているかを意味している。そして研究者の間で議論を呼ぶ『経済学原理』の改訂（1852）について、ミルはフランス二月革命という歴史的事件を転機として、「歴史に変化がみられる」ので、人びとに「アソシエーションを第一歩とする社会的変化の傾向を、より明確に指摘しようとつとめた」とされる。ミルにとって二月革命後の歴史的変化とは、私有制が必ずしも自明の体制ではないという体制の問題が人びとの間でも意識されはじめ、この問題を社会改革の目標に掲げる運動が各国でみられるようになったことである。ミルはこの歴史的変化を察知して改訂した『経済学原理』第3版の序文で社会改革の目的を次のように述べる。

社会改革の真の目的は、最大の個人的自由と分配的正義を兼ね備えた状態に適するように人類を教育することである。社会制度は人びとの精神的道徳的陶冶がそのような状態に達した時、修正された私有財産制度と、生産手段の共有と分配を管理する制度を比較して、いずれが人間を幸福にして人間性を高める制度であるのか、当時の人びとに選択をまかせる問題である。それゆえ『経済学原理』でこのような社会改革につながる歴史の変化を人びとに知らせる必要があったのである。

この第3版の序文は、ミルの社会主義論の主張を端的に示している。経済体制を探る研究の目的（アート）を、「人間を幸福にして人間性を高める制度」をつくることとし、そのためには先ず人類を知的道徳的陶冶による教育によって、最大の個人的自由と分配的正義を兼ね備えた状態に適する水準に高めつつ、修正資本主義と生産手段の共有と分配を管理する社会主義のいずれの制度がアートの指令する目標に近づけるのか、比較しながら科学的に判断し選択する。理想的な制度をあらかじめ設定するのではなく、いかなる制度がよいのかを未決として、その選択の判断は当時の人びとにまかせようというものである。ミルはこのような主張を述べるべく『経済学原理』第2編「所有論」と第4編「将来の見通し」の二つの章、および「遺稿」において理論展開したのであった。

「所有論」は、ミルの方法論によれば静態論の領域に属する。「所有論」は静態論であるから歴史的変化をできるだけ無視して、所有の考え方の違うさまざまな制度の比較、および異なった制度において人間性がいかに変わるかという法則性を探る比較体制論である。「所有論」では、「私有か共有か」というプラトンとアリストテレスの提起した所有と制度の問題は、マルクス主義のように必然性をもって決まるのではなく、ミルの場合、人びとが制度を選択する問題とされる。人びとが制度の選択をするために参考になる原理を提示するのがミルの社会主義論の目的であった。ミルがここで比較するのは資本主義（私有財産制度）と社会主義であり、社会主義とはサン・シモン主義とフーリエ主義と共産主義を指す。

ミルによれば、私有制がいったん確立されると、人びとはそれが制度として与えられたものとして疑わない。しかし歴史的には、共産制は太古の昔から長期にわたって存在していた。人類に生活手段が不足していたから共産制が合理的であり、人びとは共産制を自明の制度として受け入れ続けたのである。私有財産制の受容は、人類の経済力がある水準を越えてからの話であり、それ以降所有制度は多様性をもつようになった。しかしどのような社会制度にも利点と欠点があるから、現代の社会改革を図る社会哲学においては、これを自明のものとせず先入観なしに考察することが肝要であるとミルはいう。

所有制度の思想は、私有財産の原理に基づいて社会を運営するのか、あるいは富のはなはだしい不平等の状態から生じる貧困と不正を是正しうるという希望から、何らかの共有共営の制度に基づいてなすかの二つに分かれる。私有制を攻撃する社会主義には、土地と生産手段および消費財を完全に平等にしようという共産主義と、私有財産を全廃とせずに生産手段を共有にしようとする広い意味の社会主義がある。前者にオウエン主義とルイ・ブランの思想、後者にサン・シモン主義とフーリエ主義が属する。ミルは「所有論」では、資本主義（私有制）と共産主義を両極として、この二つの体制の中間的な制度としてサン・シモン主義とフーリエ主義を検討する。

ミルはこれらの二つの思想を哲学的社会主義という。ミルによれば、哲学的社会主義は独自の哲学をもって共産主義に対する通例の反対論に対してその対策を工夫している精緻な社会主義である。共産主義に対する反対の一つに、共産主義は分配的正義のために財産の共有と分配の完全な平等を主張しているが、分配の平等は労働者の勤労意欲を十分に発揮させないという批判がある。これに対してサン・シモン主義は分配の不平等を認めることによって、反対論に対抗する。彼らの分配の方法によれば、アソシエーションの指導者が労働者に異なる仕事を割り当て、担当する業務の重要度と労働者の貢献度を勘案して報酬を定めることによって、人びとの分配は不平等となる。この場合、労働者の報酬の決定に関わる一人ないし複数の指導者は、徳と才能を備えた人たちであるべきで、その選定は普通選挙などを含むさまざまな方法がありうる。しかしながら、ミルはこのようなサン・シモン主義の計画には賛成しない。ミルはサン・シモン主義がすぐれた社会主義ではあるが指導者の専制を招くから反対であるとして次のようにいう。

社会の労働力と資本が社会全体のために運営され、個人が各自の能力に応じて分類され、各自の労働に応じて報酬を受け取るという彼らの構想は、分配の完全な平等を図るオウエン主義よりはすぐれていると思われる。しかし私は彼らの社会機構が実際に有益に運用されるとは思わない。歴史的にみれば、サン・シモン主義に類似した計画が成功した例は確かにあった。それはパラグアイのジェズイット教徒の実験である。しかしこの成功例は、指導者が文明と教養を身に着けた共産主義者であり、指導者と未開の原住民との間に、学歴と知能の著しい隔たりがあった。中間階級も存在せず、原住民が指導者に絶対服従したことが成功をもたらした。このような特殊な例でなければ、サン・シモン主義は成功するとは思われない。なぜなら、サン・シモン主義はアソシエーションの指導者の絶対専制を必要とする。指導者とその配下の機関がいかにすぐれていようとも、人びとの能力に応じて仕事を割り当て、仕事の重要度と労働者の貢献度に応じて報酬を与えて分配的正義を図る計画が実施されうると考えるのは、非現実的な思想と思う。人びとがこれに服従するとは考えられないのである。

自由主義者であるミルにとって、アソシエーションの運営が民主的でなく、指導者の絶対専制を必要とするサン・シモン主義はミルの実験の対象にはならなかった。これに対しミルは「所有論」ではフーリエ主義を高く評価する。フーリエ主義は私的所有、相続や資本を認め、分配的正義に対して多面的に考慮し、労働の尊厳を重視して人間性の法則に逆らわない社会主義であるという。

ミルは、フーリエ主義の指導者であるコンシデラン（V.P.Considérant, 1808-93）の『社会的運命』（1848）を読んで感動する。ミルは分配の完全な平等には反対する一方で、私有、相続、資本を認める社会主義には違和感なく、また、労働の尊厳や勤労意欲という人間性にとって重要な要素を考慮している点を評価した。フーリエ主義はフーリエ（F.M.C.Fourier, 1772-1837）の思想に基づく弟子たちの思想宣伝やファランジュという共同体の実験をいう。一八四〇年頃から六〇年にかけて、フランスをはじめイギリス、ロシア、アメリカなどでファランジュのさまざまな実験が行われた。ミルはコンシデランの記述に従ってファランジュの規模を「約二千人の組合員が約一リーグ（約三マイル＝四・八キロメートル）平方の土地を占有し協同作業を行う」アソシエーションとしている。ミルがフーリエ主義を評価するのは、ミルの経験主義の立場からみて勤労の組織化をすぐにでも実験できるという利点があるからという。そしてフーリエ主義は、個人の勤労意欲を活性化するために、分配的正義を労働、資本、才能という多面的な要素を考慮しつつ追求するとともに、労働の尊厳という二次的アートを目指す人間性の法則に逆らわない思想としてみられるからであった。しかしながら、ミルはフーリエ主義に対して、評価とともに次のような批判も行っている。フーリエ主義は社会環境の整備に重点を置くあまり社会改革の根本問題である道徳教育を全く忘れている。その上、ファランジュという機構は「扱いにくい性格」をもっているという。ミルはフーリエ主義による分配的正義に対する多面的な考慮と人間性の回復を目指す労働の尊厳の目標に共感を覚えながらも、社会改革においてきわめて重要な道徳教育の欠如を批判するとともに、ファランジュの計画で賛同できない部分を含めて実験によって明らかにすることを意図したのであった。

次に共産主義の検討である。共産主義は私有財産制の対極にあり、人間の進歩の究極の結果といわれている思想である。ミルが共産主義の検討で意図するのは、私有制と共産制という異なる体制のもとで人間性がいかに変わるのか、そしてどちらの体制が人間性を高めるのに好都合かという問題である。ミルは共産主義を人間の勤労意欲、分配の完全な平等、人口増加に対する抑制力、人間の自由の問題という四つの視点から考察する。ミルは第3版におけるこの共産主義の検討の結果をもって「所有論」の結論を述べ、社会改革の目標であるアートが提示する科学の課題を述べる。ミルの議論をきくことにしよう。

① 勤労意欲：ミルは私有制から共産制に変わった場合の人間の勤労意欲の変化について初版と第２版では、次のようにいう。

私有制における労働者は現実に怠惰である。しかしもし共産制において労働者が公共心という普遍的な動機で働くとすれば、勤労の義務の水準は低い水準に固定されてしまうであろう。

私有制の場合、労働者は自分や家族の生活を守ろうとする意欲がより強く働くから勤労意欲は比較的に高い水準で守られる。しかし共産制の場合、労働者が利己心に代わる公共心によって勤労意欲を保持するのは難しいとミルは考えた。しかし共産主義に期待するハリエットはミルの考えに猛烈に反対し、ミルに第３版での修正を求める。彼女は二月革命に触発され共産主義による社会改革の思想を有していたといわれる。ミルは彼女の要求に配慮して、第３版では次のような慎重な表現に改めるがミルの思想は変わらない。

共産制において、人びとは教育によって公共心の大切さを学ぶであろうが、それでも公共心が利己心による勤労意欲の動機を超えられるかどうかは未知である。

② 分配の完全な平等：ミルは分配的正義が分配の完全な平等によっては果たせないと考える。ミルの主張は、ミルがサン・シモン主義とフーリエ主義の分配方法に一定の評価を与えていることからも分かるように、分配的正義はすべての人間が平等に分配をうけるのではなく、各人の適性を考慮した労働配分とこのようにして配分された労働による個人の貢献度を配慮することによって報酬を決める方法によって果たされるという見解である。分配的正義をアート（目的）に掲げる共産主義は、形式的に完全な平等を図るのではなく、異種労働を人為的に評価して公平に配分するという困難な問題を解決しなければならない。労働は適材適所に配置されるべきであることと、生まれや育ちで不利な職業につかざるをえない不平等をなくすこととを両立させなければならないのである。ミルは初版と第2版では、私有制においては、市場における労働配分の自動調節作

用が働くので、私有制の方が共産制よりも優位にあると考えた。職業選択の自由がある限り、私有制の場合は、市場での自動的な労働配分がなされるのが原則である。しかし第3版では共産主義において異種労働を人為的に公平に配分する問題は、将来、人間の知恵によって困難を解決する方法がみつかる可能性もあるので、これを理由に共産主義に反対してはならないと、共産主義に理解を示す論調に変化している。

すなわち、ミルは初版と第2版では、私有制における自由な市場競争による労働配分の自動調節作用によって分業の利点が効率的に生かされるのに対し、共産制では異種労働間の差異を計る尺度がないために、労働量を単純労働に還元して同じ次元で労働量を確定することができず、公平な労働配分を人為的に行うことは不可能であるという。もし、共産制で個人の適性などを無視して無理矢理各人に均等な労働配分を行おうとすれば、個人の自由は制約される。個人の自由の制約は人間性の法則に反するのみならず、労働の効率は低下し分業の利点は失われるであろう。「名目的な労働の平等は、労働のはなはだしい実質的な不平等であり」共産制における分配の完全な平等は達成されないと共産主義を批判する。ミルがここで問題にする異種労働間の差異を計る尺度の問題は、後世の経済学者が社会主義経済計算論争として議論した論点の指摘である。

ミルは第3版では異種労働の配分の困難性を述べる一方で、人間が将来この困難を解決できるかもしれないという希望を捨てるべきではなく、今、解決の方法を見出せないからといって、共産主義が理想の制度ではないということを立証したわけではないと述べる。ミルはこのように共産主義の困難性を指摘しながらも、将来この問題が解決される可能性を否定しているわけではない。それはミルが私有制の改善から共産主義の理想の追求までさまざまな体制を射程にして科学的な探究を図るミルの社会主義論の特徴が表現されているのである。

③ 人口増加に対する抑制力：当時のイギリスでは人口増加に対するマルサスの警告が影響して、知識層の間で人口抑制に関する議論が交わされていた。ミルは、ルイ・ブラン、カベー、オウエン主義などに反対するジャーナリズムの中に、これまで繰り返し議論された救貧法批判と同じ類の批判が見受けられるので、この批判の誤りを指摘する。救貧法はキリスト教の博愛精神に基づき古くからヨーロッパにある貧民救済のための法制度である。貧乏人に生活費を支給して助け、貧乏人の子沢山による生活苦から救おうという思想である。しかしこの制度が真の貧民救済になっているのかどうかをめぐり議論され幾多の改訂がなされてきた。この時の救貧法批判は私有制を前提として子孫を養

育するだけの生活力のない貧しい人びとに対して生活費を支給するのは、かえって人口増加に拍車をかけるという趣旨の議論が有力であった。分配の平等を図る共産主義も同様に、貧困な労働者の所得増加によって人口問題の解決を困難にするという批判である。ミルはこの批判はあたらず、共産制における人口管理は私有制よりは厳密になるため人口問題には有利に働くであろうと次のようにいう。

共産主義を批判する者は救貧法が私有制を前提とした貧民救済であるのに対し、共産制が私有制とは異なる制度の議論であることを認識していない。それは両制度を混同していることを意味する。マルサスの人口原理を前提とした上で、私有制と共産制を比較すると、利己的な放縦を放置する私有制に対して、共産制では世論と法的な刑罰が厳しくなるので、人口管理は私有制より管理しやすくなるであろうと考えられる。

④　人間の自由の問題：初版から第3版への変化の中で、ミルがもっとも重視したのは共産主義における人間の自由の問題である。ミルが初版で述べる次の叙述は、人間の自由

と個性の多様な発展が人間と社会の進歩の源泉になるという、後の『自由論』第三章で展開されるミルの自由の思想と結びついている。また、それは若きミルのオウエン主義批判の際に述べられた人間の自由を強調する思想の延長線上にある。この自由の思想に基づいて、ミルの社会改革の目標は人間の自由と個性を存分に発揮できる制度を探ることにある。ミルは共産制のもとでは人間の自由が侵害されることを懸念し次のようにいう。

社会制度の理想は、他人に害を与えないという条件で、すべての人に、完全な独立と行動の自由を保証することである。だが、この計画（共産主義）は、この自由を完全に排除し、社会成員の行動を命令下に置くことがありうると懸念される。共産制のもとで、貧しい人びとの生活水準が上がり生活必需品が常に保証されても、それは人間の幸福の要素ではあっても幸福の源泉ではない。もし共産制の下で人びとが強制的な規制のもとに、仕事を命令されるようなことがあれば、人びとは精神的道徳的進歩の主要な動因を失い、人間性の多様な発展が失われることになろう。

初版におけるミルの共産主義批判に対しハリエットは反対して、第2版でこの批判を改めるように要請した。ミルとハリエットは、二人ともフランス二月革命に触発されたのであるが、二人の反応は異なっていた。ミルは二月革命によって所有と制度の問題の重要性を再認識し、この問題の重要性と時代的変化を人びとに理解してもらうために『経済学原理』第3版の改訂を行った。これに対しハリエットは、現体制の弊害の是正のためにはフランスのアソシエーションをモデルとした共産主義的な体制変革が急務と考えた。彼女の思想からすれば、ミルに共産主義批判を改めるよう要請するのは当然であろう。しかしミルは第2版で彼女に応えて批判の調子を落としているとはいえ、ミルの主張の基本線は変わらない。ミルの主張は、もし共産主義が成功して人びとが経済的に豊かになったとしても、経済的な要因は人間の幸福の源泉ではないから、人びとが幸福になるとは限らない。これに対して資本主義の場合は、個人の自由と生活水準の向上が両立する可能性があるから、資本主義の利点の方が幅広いという趣旨のものである。

ミルは第3版で初版と第2版の共産主義批判の表現を書き改める。しかしながら、第3版の改訂はハリエットの強い要請に従って、共産主義批判を改めるものではなく、「所有論」に関するミルの結論を示すものであった。それは第3版の序文でミルが述べた社会主義論の要旨と内容がほぼ同じであるばかりでなく、ミルの社会主義論の最終的な主張を述べる「遺稿」と思想的な立場を同じくしている。「所有論」の結論と第3版の序文との違いは、「所有論」の結論は、体制の科学的な比較が資本主義と共産主義との最善の状態での比較でないと不公平であるという指摘、および体制選択の鍵を人間の自由と自発性にみてこれを強調していることである。ミルは次のようにいう。

社会哲学の問題として「所有論」を考察するとき、分配的正義を目指す経済体制の中でいかなる制度がすぐれているかという問題は、最善の状態においてどのような成績をあげるかを比較して判断すべきである。この体制比較のためには、人びとの知的道徳的水準を向上させる教育の普及と、人口を適度な水準に保つ管理を条件にする。しかし資本主義と社会主義のどちらがすぐれているかという比較のための正しい試験がなされたことがなく、上に述べた教育と人口の二つの条件が充たされないばかりか、体制に関する知識や経験が不足する現在の段階では、どのような制度がすぐれているかを判断することができないので、その判定は未決である。もし、その最終的な判定の決め手となる鍵をあえて推測するとすれば、何が「人間の自由と自発性の最大量（the greatest amount of human liberty and spontaneity）を許すかという規準がそれである。自由を捨てて平等を要求する社会組織は、人間性のもっとも高尚な特性の一つを奪うものである。

以上のような「所有論」の結論から理解できるのは、資本主義と社会主義のいずれの制度がすぐれているかを未決として、これを科学的に判断するために先入観を排除して両制度の最善の状態で比較するようにつとめる。このような体制比較のために、人間性を高める教育と適度な人口を保つ管理を条件として、人間の自由と自発性を最大限に発揮することを目指して、人間の自由と分配的正義を両立させる制度を探ろうというものと理解される。

『経済学原理』で「所有論」とともに社会主義論が議論されるのは第4編第七章「将来の見通し」の章である。「将来の見通し」の章のある第4編は、『経済学原理』の中で動態論の領域に属し、第四、五章の利潤率の傾向的低落論、第六章の定常状態論に続いてアソシエーション（共同社会）論が展開される。そこでは、これまでの『経済学原理』以前の社会主義論や「所有論」でのミルの主張と異なる説が述べられたために、「遺稿」を含めたミルの社会主義論の一貫性がくずれて解釈の問題が生じることになった。問題はミルの社会主義論の真の主張はいかなるものかという疑問である。論争点を以下にみることにしよう。

ミルの利潤率低下論はリカードの理論を継承し、資本主義経済が発展する過程において、市場競争の結果、企業の利潤率が最低の水準に向かう傾向があること、その傾向に反作用してその傾向を阻止する要因（商業上の投機、生産技術の改良、廉価品の輸入、海外への資本輸出）について検討する。だが地球上の資源、人口増加、技術の進歩には一定の限度があることから、市場におけるこれらの作用と反作用の結果、利潤率低下の傾向を阻止する要因を低下する競争要因が凌駕することによって資本の増加は停止し、止まることなく発展し成熟した資本主義経済の行きつく先は経済成長が期待できない定常状態（the stationary state）であり、資本主義は定常状態に陥るというのである。

利潤率低下論に続いてミルは、資本主義「社会の経済的進歩の終点」である定常状態での人類社会のユートピアについて語る。ミルはフランス政府から派遣されてアメリカ社会の実態を調べて『アメリカの民主主義』（1835, 40）を書いたトクヴィル（Alexis de Tocqueville, 1805-59）の情報をもとに、アメリカ経済を資本主義の典型とみなして、資本主義社会の現状を批判し人類社会のユートピアについて語る。ミルの定常状態論は、私有制と市場競争の制度における経済的進歩の終点のあるべき姿を示すことによって、理想的な経済社会を目指すためにはいかなる体制を選択するべきかという課題をアソシエーション論に与えたものと思われる。ミルは人びとがお金のために働く競争社会を戒める。金儲けや出世のために行き過ぎた競争は個人の人間性を阻害するとともに、止まることなき市場の過当競争は自然を破壊し地球環境を悪化させる。ミルが主張するあるべき社会は、徳に基づく人間の精神の内的陶冶とよりよい制度を探る改善あるいは制度の選択によって求められる。経済成長の停止により経済が定常状態に入っても、それによって人間的成長が停止したわけではないので、人類は悲観するにおよばない。人間は精神の内的陶冶によって人間性が高められるが、そのためには人間が大自然の中で孤独になって、思考を深めることが大切である。人間がそこで自然の偉大さに気づけば、人間社会が富と人口の制限なき増大によって自然を食い荒らすことの愚かさを知るであろう。

アダム・スミスは経済成長のみを好ましい状態と考え、経済学者たちは富と人口の定常状態を恐れこれがないことを祈っている。しかしながら、地球の資源は有限であり経済成長と人口増加は限りなく続くものではないので、経済社会はいずれ必然的に定常状態を迎えることになろう。だが人類は定常状態になろうと悲観するにおよばない。なぜなら定常状態は人間的進歩が停止することを意味するものではないので、定常状態が経済的進歩の終点として必然的に到来するなら、人類はできるだけ早い時期に定常状態に自ら入るべきであるからである。私は、後世の人たちに切望する。必要に強いられて定常状態に入るはるか前に、自ら進んで定常状態に入ることを。

ミルがここで定常状態と両立すると考える理想的な経済社会は、人びとが富の獲得にのみ専念するのでなく、個人が人間性（human nature）を高めるのに努力し、人間性の最善の状態を目指す社会である。ミルにとって人間性を高めるとは、『論理学』第6編で述べられた「生き方のアート（the Art of Living）」、すなわち道徳（Morality）、慎慮または政治（Prudence or Policy）、美的情緒（Aesthetics）の三部門からなる最大幸福を目指す実践的な目的に向かって人生を豊かにすることである。ミルは市場経済社会の現状を、利己心により「他人を押しのけ先に行く」出世主義と、開発により地球の自然を破壊する成長主義、人間中心主義が支配していると批判する。ミルはワーズワスが大自然の中に哲学をみるように、人間が大自然の中で孤独になり、精神の内的陶冶によって思索を深め人格向上を目指すことの重要性を強調する。ミルはこのあるべき経済社会の必要条件は、よりよき分配と一層厳重な人口の管理であり、そのための教育と制度の改革を主張したのであった。

定常状態論に続く「将来の見通し」の章はアソシエーション（共同社会）論である。この章は人間および社会の進歩性を明らかにする動態論に属する。ここでは人類社会が私有制からパートナーシップ（資本家と労働者の共同出資によるアソシエーション）を経て労働者アソシエーション（生産協同組織）が支配的となる経済体制へと漸進的に進化する体制移行が予測される。しかしながら、この思想は体制の判定を未決とし複数の制度を実証的に比較しながらよりよき制度を探ろうというこれまでのミルの文脈に、ハリエットの決定論的な体制移行の思想が混入したために、後のミル研究に異なる二つの解釈を生むことになった。すなわち、「将来の見通し」の章が動態論であることを重視して、利潤率低下論と定常状態論の流れから、現体制から労働者アソシエーションへの体制移行を述べた第3版の改定をミルの主張として読むか、あるいは、第3版改定の経緯やミルの思想の全体像からミルの主張を解釈するかという問題である。『自伝』によれば、ミルは当初『経済学原理』に「将来の見通し」の章を掲載して公表する意図はなく、第3版改定の最初の構想にはこの章は念頭におかれなかった。ところがハリエットが『経済学原理』に動的な経済思想をもってこのような労働階級に将来の指針を示すような章が必要であるとその意義を強調し、「将来の見通し」の章を加えることを強く要請したために、第3版に挿入したというのである。ハリエットは病弱でありながらミルの研究によく尽くし、一八四〇年代の後半からフランスのアソシエーションの調査をしてそれを論文にまとめた。ハリエットは二月革命に刺激されて共産主義的な社会改革を急務と考え、この論文を母体として「将来の見通し」の章の執筆をミルに要請し、彼女の意向にミルが同意したものと推測される。

「将来の見通し」の章は七節からなり、一―三節、四―六節、七節の主として三つの異なる論点が述べられる。一―三節でミルは「労働の主張」で述べられた思想を繰り返す。労働問題の解決にあたってアーサー・ヘルプスが主張するような父権主義的な従属保護の理論を批判し、ミルの自由で自発的な労働観による労働者の自立（self-dependence）の理論を述べる。そこでは制度改革とともに労働者の精神的陶冶によって公共的精神が高められ、労働者の知性、教育、独立心による精神的成長が人口問題と女性の社会的地位をめぐる問題に好ましい影響を及ぼすことが主張される。また第七節はミルが以前から主張している競争原理の意義についての叙述であり、ミルの射程内にあるいかなる経済体制にあっても市場競争が作用しうると述べられる。すなわち、ミルにおいては資本主義ではもちろんのこと、社会主義体制においても競争原理を活用することが、経済の活力の上でも、また人間の向上心にとっても有用な要因としてみられている。

問題はアソシエーション論が展開される四―六節において生じる。四―六節の何が問題なのかというと、第3版（1852）ではじめて、それまで述べられていなかった私有制から労働者アソシエーションへの体制移行が予測されていることである。この予測は、体制の問題を未解決とし、実験や経験の知識を生かして体制の選択を人びとの判断にゆだねるミルの「所有論」の思想と矛盾する。それは「完全に妻の負う」「将来の見通し」の章に「新しい秩序の到来を予測する点で勇気と先見の明をもっていた」ハリエットの思想が採り入れられたからである。第四節では次のような主張が述べられる。

主としてフランスにおけるアソシエーションの成功例が示しているように、自由で自発的な労働階級は現在のような分配的正義に反する雇用関係に止まるわけがないことは明らかである。アソシエーションがもつ文明化し向上せしめる力と、大規模生産のもつ効率と節約は、生産者たちを利害と感情の相反する二つの党派に分裂することから守るであろう。この点については過去の思索と討議や出来事が確証している。雇用者と労働者の関係は、ある場合には労働者と資本家とのアソシエーション、他の場合には——そして恐らく最後にはすべての場合において——労働者同士のアソシエーションによって代替されることはほぼ疑いないのである。

以上のような労働者アソシエーションへの体制移行の予測に続いて、第五節〈資本家と労働者のアソシエーションの実例〉では、ミルが既に「労働の主張」で実験すべきアソシエーションの例にあげているパリの塗装業者ルクレールなどの成功例をモデルとして、利潤分配制が労働者の士気をあげることによって、企業業績が著しく改善したことが述べられる。利潤分配制の方法は、固定給を支払った後、残りの利潤を給料に比例して分ける方法、歩合制給料、労働者による資本参加などさまざまな方法が活用される。ミルは第6版(1865)でルクレールのようなパートナーシップの実験はフランスが先行していたが、イギリスでも一八五五年の有限会社法の成立によって可能になったことを加筆している。

第六節〈労働者アソシエーション〉では、ハリエットの死(一八五八年)の後にロッチディル組合に関する叙述（第5版、1862）をはじめとするミルの加筆した部分を除いて、大半はハリエットが作業した論文をもとに彼女の思想が述べられる。フランス二月革命によって労働者の解放を目指すアソシエーションの思想が空想ではなく現実味を帯びてきた。ここで挙げられるアソシエーションの実例はトンプソン型のアソシエーションの例である。フーグレ『産業および農業労働者アソシエーション』（1851）から引用され詳しく紹介されるパリのピアノ工場の例は、一四人の労働者が乏しい財布の中から資金を出し合って資本とし、協同の目標（the co-operative cause）を推進して民主的に事業経営をした結果、業績は著しく向上し、伝統的な私企業を凌ぐ地位にまで達した成功物語である。企業規律は厳しかったが、規則への自発的な服従が人間的価値と尊厳の観念を生んだと述べられる。他方、ミルは第5版で同じくトンプソン型アソシエーションの実験がイギリスでも可能になった実例として、ホリオーク『ロッチディルの先駆者たち』（1858）からロッチディル組合の発展ぶりを詳しく紹介する。ミルはトンプソン型アソシエーションを実験の対象として高く評価しており、分配的正義、労働の尊厳、勤労の組織化を図るアソシエーションが、人間性を高める貴重な実験とされ、資本家と労働者のパートナーシップと労働者アソシエーションがかなり長い期間にわたって共存し競争しながら、それぞれの利点と欠点を経験によって示すのがのぞましいと自説を述べる。しかし第六節の結論の部分はハリエットの私有制からの体制移行の思想が次のように述べられる。

結局、しかも予想以上に近い将来において、私たちは協同組合の原理によって一つの社会変革への道に辿りつくであろう。我々が述べた労働者アソシエーション（生産協同組織）は、この社会変革の成功を勝ちうるための唯一の手段である。私企業と各種のアソシエーションが共存し競争した結果、現在の資本蓄積は一種の自然発生的過程によって、結局において、その資本の生産的充用の参加するすべての人びとの共有財産となるであろう。

以上のように労働者アソシエーションが労働問題の唯一の解決策として私有制から体制移行する思想にミルは同意しているのであろうか？　それは当然同意しているからハリエットの思想を自分の著書に採り入れ、公表しているというのが自然な解釈のようにみえる。しかしながら、ミルが同意したのは彼女の思想のすべてではない。方法論を含むミルの思想の全体像から社会主義論を読むとき、「将来の見通し」の章は一貫性のあるミルの社会主義論の一部に過ぎず、ミルは彼女が理想としている労働者アソシエーションの社会を将来の可能性の一つとして許容したものと考えられる。言い換えると、ミルは労働者アソシエーションへの歴史的必然性を認めているわけではない。ミルの思想はスケールがおおきく多様性に富むので、人間の自由と自発性を発揮する体制の最善の状態で選択するための修正資本主義と共産主義の理想の追求へのさまざまな努力を評価している。労働者アソシエーションは最善の体制を選択するための選択肢の一つとして理解されるのである。

（4）遺稿「社会主義論集」

ミルの社会主義論の最終的な見解は「遺稿」において示される。『経済学原理』では読み方によって解釈が違うことがありえたのであるが、これに対して「遺稿」では、社会主義論の結論ともいえるミルの自説が理解される。

「遺稿」（1879）はミルの死後、ハリエットの継子であるヘレン・テイラー（Helen Taylor, 1831-1907. 以下ヘレンという）が公表したミルの社会主義論である。この論文は一八六九年ごろ書かれた草稿であるが、ミルは既にそれより二〇年前に『経済学原理』（第2版）で社会主義に関する著書を出版する意図を表明していた。ミルは長い間、社会主義論の構想を温めていたが、それを実際に書く切っ掛けとなった事件は、国際労働者協会（第一インターナショナル）の結成であった。一八六四年にロンドンで成立し、一八六六年にジュネーブで第一回会議が開かれてから毎年一回開催されたこの労働者代表の国際会議は、穏健なイギリスの労働組合の指導者とともに、社会主義革命を旗印とするマルクス派、プルードン派、バクーニン派など大陸の社会主義者たちが主導権を争っていた。ミルはインターナショナルが結成された当初は、労働運動の国際的な盛り上がりとしての意義を認めていたが、革命的な体制変革をめざす大陸の社会主義者の動向をみて人間の自由への脅威と感じ、ミル独自の社会哲学に根差す体制論を「遺稿」に残したのであった。以下できるだけ詳しくミルの主張を聴くことにしよう。

「遺稿」は草稿ではあるが、「所有論」（静態論）と「将来の見通し」の章（動態論）の総合を窺わせるまとまりがある上に、「将来の見通し」の章を除く他の論考との整合性があるので、ミルの思想の最終的な立場を示すものとみてよいと思われる。「遺稿」は、ヘレンによる短い「序言」（1879）にはじまり、第一章「序論」、第二章「現在の社会秩序に対する社会主義者の反対論」、第三章「社会主義者の反対論の検討」、第四章「社会主義の困難」、第五章「固定的でなく可変的な私的所有の観念」の五章から構成されている。ミルは第一章で社会主義論の課題を述べ、第二―四章で社会主義論について考察したのちに、第五章で社会主義論の結論を述べる。ミルは第一章で、社会主義論の課題は経済体制という人類の未来を左右する社会の根本的な考察であり、一つの立場に片寄らず公平に検討することが肝要であると述べる。そして第五章でこの問題提起の論拠を示す。ミルの問題提起の論拠は、ミルの社会主義論の核心にふれるので、最初に次のようにその要旨を述べることにしよう。

私有制においては、人間は自分や家族の生命や財産を守ろうとするから、基本的に保守的である。だがその一方で、人類は歴史的にみると原始時代は共産制が当たり前であった。所有の観念は変わりうるものである。私有制は保守性を好む人間性の法則により長期的に持続する傾向がある一方で、人間の所有の観念は歴史的に大きく変化する可能性がある。ここには、所有の観念が持続する傾向と逆に変化する可能性の両面をもつという矛盾する人間性に基づく体制論の両義性（ambivalence）がある。体制論は人類の未来を左右する社会の根本的な考察であるから、人類の最大幸福の増進を規準として、私有制の持続性と可変性の半面の真理をみるべきである。資本の立場に立って私有制の改善を図ってその持続性をみるのか、あるいは労働の立場にたって体制変革を図るのか、対立する資本と労働のいずれの立場にも片寄らずに、人間性の両面をみながら公平に解決を図るのがのぞましいのである。

ヘレンは「序言」で、このようにミルが資本と労働の立場を公平にみようとするミルの「遺稿」執筆の意図を次のように述べる。

ミルは一八五〇年代からすべての文明国の労働者の間に広がった社会主義思想の重要性を認め、一八六九年にその構想をまとめた。ミルは社会主義の提起している問題を徹底的に考慮し、一方における苦悩、あるいは他方における不必要な混乱を長引かせることなく、現在の秩序に適用されるべき道筋を示すためにこの草稿を執筆したのである。

ミルが社会主義者の現体制批判として採りあげるのは、ルイ・ブラン『労働の組織』、コンシデラン『社会の運命』、ロバート・オウエン『新道徳世界の書』の三冊である。彼らの現体制批判は多岐にわたり、力点の違いはあるが三人に共通する論点をまとめると、次のように理解される。

私的所有と無秩序な競争の原理に基づく制度のもとでは、分配的正義が失われ、人民の絶対的窮乏化と道徳の退廃がもたらされる。報酬は個人の労働と制欲に比例せず、人間の評価は、知性と徳性、才能と努力でなく出生、偶然、機会に依存する。次に現在の制度のもとでは、勤労の組織化が失われ、無政府的な生産の結果、大資本が優位にたち、生産過剰、価格低落、中小企業の倒産、独占、失業の増大、生産の無駄、誇大宣伝、商業道徳の低下、社会の混乱と人間性の喪失等々を招いている。最後に労働の尊厳については、フーリエ主義者コンシデランがもっともこれを強調しているのであるが、生産的労働者が自分の労働に魅力を感じないような制度のもとでは、経済は活性化しない。現体制のもとでは、官僚、軍隊、政治家、銀行家、学者など非生産的労働者が過剰となり、彼らが支配する階級社会を形成している。少数の個人や会社に富が集中し、労働者が富裕層に隷属する「産業的封建制」は打破しなければならない。

以上のような社会主義者の現体制批判に対し、ミルは経済学的に誤解を招くような論点について誤りを正す試みをする。それはミルが社会主義を批判するというよりは、体制の問題を公平にみるためには社会主義者の経済学的な誤りを正す必要があるからであるとみられる。

ミルが指摘する社会主義者の誤謬は、労働者の絶対的窮乏化に対する疑問、競争原理、マルサスの人口原理、資本の利潤に対する認識の四つの論点である。ミルは当時のヨーロッパの労働階級が絶対的に貧困化していく現象が現実にあるのかどうかを問う。ミルはヨーロッパにおける賃金の水準は低く、労働の需給関係によって労働者に低賃金が強要されているのが現実であるが、長期的にみれば労賃の平均水準は上昇しているので、絶対的貧困化の理論は事実に反しているという。次に社会主義者は競争原理が諸悪の根源のようにいうが、それは誤りであろう。過当競争の弊害は確かにあるが、人間の競争心を上手に生かすことは、人間性を高め経済社会を活性化することに役立つとミルは述べる。競争原理の重要性の主張はミルの持論である。そしてマルサスの人口原理についても社会主義者に誤解がある。ミルは労働者の貧困が人口問題に密接に関係があるのは事実だが、人口問題は体制の問題を超えている問題なので、社会主義でないと人口問題が解決されないと考えるのは正しくない。人口問題は政治や経済の分野にとどまらず、労働者に対する教育など長期的で総合的な施策が肝要であるとミルはいう。最後に社会主義者は資本の利潤を「暴利」として非難するが、これは正しくない。ミルによれば、現体制を前提にすれば、利潤は資本家の制欲に対する報酬、経営リスク料、経営管理料などの根拠があるのであり、適正な利潤の水準が求められて当然という。

このようにミルは社会主義者の経済学的誤解を正す試みをした後で、第四章では共産主義の難点を述べる。しかしミルが共産主義を困難な制度であると批判しても、それはミルが共産主義を排除しようというのではない。ミルの社会主義論は、改善された資本主義と共産主義の理想を最善の状態で比較しようというのであるから、最善の状態に至るまでにその困難がどの程度是正されうるのかの予備的な考察である。「遺稿」における共産主義の検討は、次のように「所有論」と重なる勤労意欲、分配的正義、人間の自由の問題の三つの論点である。

ミルは「遺稿」においては「所有論」より共産主義に対して厳しい。先ず勤労意欲については、労働者と経営者に分けて考察する。労働者の場合、共産主義では善意で勤勉な労働者が純粋に評価されるという利点があるため、勤労意欲は高められるのかもしれない。しかしミルは、私有制においてもパートナーシップ（共同出資）によって労働者が出資することにより、労働者の企業業績に対する意識が高まり、労働者の勤労意欲が向上する工夫がなされることも可能であるため、いずれの体制が優位であるとはいいにくいという。だが問題は共産主義における経営者の意識について生じる。私有制の経営者は企業業績が直接自分の報酬に反映するから、経営効率と経済性の向上に全力を尽くすであろう。しかし共産主義の経営者は、業績よりはリスクを避け、身の安全を図る官僚的な発想をする傾向が強くなるから、遠い将来を見据えて新しい事業展開を開拓するには不向きとなる可能性がある。共産主義の経営者が教育により、良心、信用、名声などの動機をもってよい経営の推進力が働くようになるまでにはきわめて長い年月を要するであろう。ミルはこのように考えて、勤労意欲については、現時点では資本主義の方が優位にたつと判断する。次に分配的正義についてはどうであろうか? ミルは「所有論」で展開した議論を基礎に、共産主義において異種労働を平等に配分することができないとしたら、分配の形式的な平等を図るのはきわめて不完全な正義の規準にならざるをえないと共産主義を批判する。ミルによれば、人間の労働の質的な差異を量的に還元することは困難である。もし共産主義において労働配分の平等化を現実的に図ろうとして、すべての人間が交互にさまざまな労働に従事するようなことをするとしよう。もしそのような労働配分をするとすれば、人間の適性に従った経済的利益を著しく損なうことになろう。このように労働配分の問題は共産主義に内在する欠陥である。最後に人間の自由の問題である。自由主義者であるミルにとって自由の問題はきわめて重要である。ミルは「遺稿」においては、共産主義では指導層における権力闘争と多数者による個性への圧迫がより強まるので、それが人間の自由を損なう恐れがあると懸念する。ミルによれば、私有制に代わって共産主義においては、「管理における優越と権勢のための争い」が激しくなり、指導者層の権力が拡大し強化されて人民の自由と個性が侵害をうける可能性を増す。その上共産主義では人民は各人が平等な発言権をもつと考えられるから、集団の中の多数者の一般的な意見が優勢となり、少数意見が望ましい場合でも、それが方針や方法に反映されるのは、より困難となる可能性がある。ミルはこのように「遺稿」第四章では、共産主義における指導者層の権力闘争と多数の専制による自由の侵害を懸念する。ミルに「多数の専制」の思想を教えたのは、フランスの思想家トクヴィル（Alexis. H. C. de Tocqueville, 1805-59）である。トクヴィルは民主主義において多数者の意見が少数者の意見を抹殺する危険性を憂慮した。ミルはトクヴィルの影響をうけ、人間の平等を重視する共産主義で多数者の意見が強力になり、また指導者による公権力の拡大が個人の自由と個性を抑圧する可能性を指摘する。しかしミルはこうした共産主義の原理に内在する「不和の源泉」を述べた後でも、人類の進歩にとって望ましい体制の在り方について次のようにいう。

人類の進歩に対する障害を克服するための不可欠の条件は、人類が思考と実践の双方において、さまざまな方向に自発的に発展する自由をもつべきこと、つまり人びとは自分たちのために思考し、かつ実験を試みるべきである。

実証性を重んじるミルは、共産主義がいかに困難であっても、それはあくまでも理論上の話であり、それが実際にいかなる困難を伴うのか、アソシエーションの実験によって試してみるべきだという。そしてミルが「遺稿」でこのように、人類の進歩のためにあるべき体制を、「人民が思考と実践の双方においてさまざまな方向に自発的に発展する自由をもつべきこと」を条件にするのは、ミルの功利主義と自由主義という思想的特質を示している。ミルが『自由論』で述べるように、「個性の自由な発展は幸福の主要な要素の一つ」であるとともに、「唯一の確実な永続的な改革の源泉は、自由である」からである。ミルの社会主義論は、まさにミルの功利主義、自由主義、経験主義の調和の上に形成されている。

第五章で「遺稿」の結論が述べられる。それは『経済学原理』「第3版への序文」および「所有論」（第3版）の結論の延長線上にあることから、ミルの社会主義論の結論とみなしてよいと思われる。この結論の論拠の一つは、私有制は人類社会が存続する限り、長期にわたって持続するであろうという見通しであり、もう一つは、私的所有の観念は、自明の前提として固定的な観念に基づくものではなく、歴史的に可変性がある。それゆえ、もし将来、教育によって人びとの精神性が高められ、その水準にふさわしい社会制度が選択されるなら、現体制とは様変わりの社会になる可能性があるという。ミルのこの二つの主張は、一見矛盾しているようにみえる。だがミルは、この矛盾した主張を、それぞれ半面の真理としてミルなりに総合を試みている。

ミルは次の二つの理由から私有制の永続性を予見する。その一つは、教育の困難性によるものであり、もう一つは、人間の私欲にもとづく保守的な人間性である。人間の教育はもっとも困難なアートであり、人びとの知的道徳的な水準が向上し、共産主義にふさわしい高度な人間性を有するまでには、恐ろしく長い年月を要することになろう。そしてミルはベンサムに従って、「安全（security）」と「生存（subsistence）」という功利性原理を継承する。人間が幸福であるためには、安全な生活を維持して生きていくことができるのが基本である。ミルは、人びとは生活と財産に対する安全が保障されることがなければ、新しい社会秩序に自分たちの運命を託することはないであろう。たとえ、大衆運動が社会主義革命を起こして私的所有を侵害することになっても、人びとの生活と財産を失うまいという明白な理由から、私有制は制度として復活するか、再び制度の改革のため革命政府の首領は追放されるだろうと述べるのである。

ミルはこのように私有制の永続性をいう一方で、所有の観念と社会制度の可変性に関する過去の歴史的な例証を示しその証明を試みる。人類は生活手段が不足し自給自足で生きていた原始共産制時代には、階級分化がなく共営共有を自明として疑うことはなかった。私的所有の観念が生まれたのは、人類の生産力が向上して経済生活に余剰が生じるようになってからのことである。ミルによれば、人類の歴史社会は分配的正義を追求する人びとによって、少数者しか享受できない特定の所有権を排除し、少数者が特権を握る偏った制度を改めようとする思想と運動の力で、所有の観念が国により時代により変化してきた。

土地を中心とする所有の観念が変化したことは、歴史的に例証できるのである。

このように私有制の永続性と所有の観念の可変性との両立を可能とする両義的なミルの思想は、資本主義の改善と共産主義を含む広い語義のアソシエーションを科学の対象とするミルの多面的な研究の視座を生むことになる。以上のように考察されたミルの社会主義論の結論を、ミルの方法論を含む思想的特質から解釈すると次のように要約される。

社会改革の究極のアート（達成されるべき目的）は、人類の幸福の増進であり人間性の完成である。人間性の完成のために、人間精神の内的陶冶と人びとの知的道徳的水準の向上を目指す教育とともに、人間性に逆らわない制度の改善が求められる。体制の問題は倫理（アート）と科学（制度改革）の調和がなければならず、時代と場所と環境にふさわしく、かつ人びとの人間性に適合した制度を選択する問題であり、問題は未解決である。科学はアートに課題を与えられて、人間の自由と自発性を最大限に発揮することのできる制度を探究する。制度の探究は、イデオロギーでなく、資本と労働の立場を公平にみて、実験や経験を重視してさまざまな体制を比較しながら科学的に行うものとする。それは市場経済と私有財産の制度（資本主義）の改善と共産主義の理想の追求を両極として、最終的には両制度の最善の状態で比較がなされるのを目指す。体制選択の規準は、功利性原理（人類の最大幸福）の要素である人間の自由と自発性を上位とするが、これに従属する二次的アートは社会主義の指導原理である分配的正義、労働の尊厳、勤労の組織化である。二次的アートと両立する制度は、競争原理を生かして経済的原動力を活性化し、中央集権や官僚の肥大化を排し、分権的で民主的であるとともに、体制の選択も民主的で漸進的に行われるものとする。よりよき制度の選択は、人口問題の解決と教育による人びとの知的道徳的水準の向上が求められる。しかし教育はもっとも困難なアートなので、それは極めて長い年月を要するであろう。教育の困難性とともに、人びとの生活と財産の安全を守ろうとする理由により、共産主義的な革命がたとえ起きたとしても、革命によって生まれた政権はいずれ崩壊し、私有制が復活して資本主義は永続することになろう。人びとが当面なすべきことは、私有制を転覆することなしに、教育と制度の両面から資本主義の改善を図る。しかしながら所有の観念は歴史的に可変であるから、体制の問題は私有制の永続性と所有の観念の可変性とが両立するアンビヴァレント（両義的）な性格を有する。自由主義によれば、矛盾の存在とその矛盾の解決への努力は人間や社会の進歩のための条件であるので、異なる体制の選択の問題は、社会改革を続ける限り、新しい光があてられる未解決の問題であり続けるであろう。

五　ミルの社会主義論に対する批評：マルクス、シュンペーター、ロビンズ

ミルは、資本主義を批判する社会主義者の主張に耳を傾けながら、自分の思想に基づく功利主義、自由主義、経験主義の調和する独自の社会主義論を展開した。ミルの社会主義論は、修正資本主義と共産主義を両極として、人間性を高め人間の自由を発揮する制度を探るというスケールがおおきく多面性に富むゆえに、ミルの主張には一貫性があるにも拘わらず、多様に異なる解釈がなされてきた。一九世紀末から二〇世紀初頭にかけての修正主義論争では、ミルは正統派マルクス主義に対する修正主義の理論家としてみられ、また二〇世紀中葉から後半にかけての米ソ冷戦時代には、古典的共産主義の創始者であるマルクスに対してミルは古典的自由主義の創始者として対比された。いずれの解釈もミルの社会主義論の多面的な特徴が把握されずに、半面の真理であるミルの思想の一部が強調される結果となる。すなわち一九世紀末からの修正主義論争は、ドイツ社会民主党と第二イン

ターナショナルの内部で行われた社会主義運動の政治路線をめぐる論争であるが、ミルの思想は、カウツキィ（Karl Kautsky, 1854-1938）が起草して資本主義崩壊論と共産主義革命を述べた「エアフルト綱領」（1891）に対して、その修正を主張したベルンシュタイン（Eduard Bernstein, 1850-1932）にもっとも影響を与えたとみられた。ベルンシュタインは、唯物史観に経済的要因以外の多様性が働くことによる資本主義の適応能力の増大を認め、民主主義を重視する漸進的な改良を主張して綱領の修正を要求したのである。ミルの比較体制論は、私有制と共産主義を両極として二次的アートを目指す体制を実証的に求めるのであるから、資本主義崩壊論を否定しマルクス主義の修正を図るベルンシュタインの社会民主主義とは原理的に異なる。だが革命によって体制変革を果たす中央集権的な社会主義を批判し、民主的で漸進的な社会改革を主張するミルの社会思想は、ミル亡きあとの社会民主主義の運動に影響を及ぼした。いいかえると、ミルの社会思想は、社会民主主義とは原理的に異なるとはいえ、決定論的な歴史観をもたず、穏健で民主的、漸進的な改革の手法が、労働組合や地方自治などの改革運動を進める社会民主主義の指導者たちに継承されて、一九世紀末からの社会主義を二分する対立の一方の思想の源泉と思われたのである。他方、二〇世紀後半の米ソ冷戦時代には、ミルとマルクスが自由主義と共産主義の創始者として対比され、科学的社会主義と称するマルクス主義が共産主義体制を正当化する理論であるとされる一方で、ミルの思想が自由主義陣営の背景にある思想の源泉とされた。ミルの社会主義論の思想的特質の一つである自由主義の立場が拡大して評価され、共産主義において人間の自由と個性が侵害される懸念を述べたミルの議論が、共産主義批判の有力な思想の源泉とされた。このような解釈では、共産主義の理想的な状態で、修正資本主義の最善の状態との比較をするという比較体制論の観点が抜け落ちてしまうのである。しかしこのようにミルの思想が、常にマルクスと対比されて解釈される背景には、マルクスのミル批判があると思われる。マルクスはミルの社会主義論をいかに解釈したのだろうか？　以下マルクスの主張をみることにしよう。

マルクスはミルの思想を鋭く批判した。インターナショナルの理論的な指導を行っていたマルクスにとって、資本主義体制の革命的な転換を図るためには、ミルの改良主義的な思想は障害以外の何ものでもなかった。ミルの『経済学原理』はイギリスで広く読まれ、ミルの思想はイギリスの労働組合の指導者たちに影響をおよぼしていた。ジョージ・オジャー、フレデリク・ハリソンなどイギリスにおける労働運動の指導者たちはミルの影響をうけ、折衷主義的で改良主義的な傾向を強めていたため、マルクスの意向に容易に従うことはなかった。このためにマルクスにとってミルを激しく批判することが急務となった。マルクスの批判はミルの思想の核心をつく厳しいものであった。シュンペーターは当時の事情を次のように述べている。

マルクス主義者のミル批判は、ミルの世界観を理解する上で極めて重要である。なぜなら、大衆の窮乏化が不可避的に増大するという思想と革命こそこの思想の本質であるという社会主義者にとって、優柔不断なミルの思想は受入れ難く、マルクス主義との際立つ対照を示すからである。マルクス主義者にとってミルのブルジョワジーのイデオロギーは階級哲学にほかならず、ミルが社会主義（共産主義）の究極の目標に同情しながら革命を退け、誠実に真理を展開するミルの思想は、単刀直入に社会主義を非難するよりはるかに口当たりの悪い排除すべき敵に思われたからである（シュンペーター『経済分析の歴史』（中）東畑・福岡訳、二九〇頁）。

マルクスはミルの思想を批判するにあたって、ある策をめぐらした。ミルはイギリスでは思想家として名声が高く、外国人であるマルクスがミルを批判したところでイギリス人の反感を買い、批判が逆効果になることを恐れた。マルクスは『資本論』では随所でミルを批判しているが、批判は部分的なものに止まり、体系的な批判でない。マルクスはミルを正面から批判の対象とすることをせずに、別途インターナショナルの同志であるイギリス人労働者エッカリウス（J.G.Eccarius）にミル批判の筆をとらせた。エッカリウスはマルクスの指導のもとに「一労働者のミル『経済学原理』反駁」（1866, 67）という論文を書き、論文はインターナショナルの機関紙に掲載された。そしてその一年後に論文はドイツ語版で出版された。マルクスは一八六七年六月二七日付エンゲルス宛て書簡で、「エッカリウスが私の弟子であることを表明したこの論文は、ハリソンなど労働組合の幹部に大変な感銘を与えたようだ」として、ミル批判が一定の効果をあげたことを喜んでいる。

マルクスのミル解釈は、ミルの著作の中に共産主義の理想の追求や労働者アソシエーション（生産者協同組織）への体制移行の叙述があっても、それはミルの思想の核心をなす部分として認めることをしない。重要なことは、それによって「将来の見通し」の章が完全に無視されたことである。従ってマルクスのミル批判は、「将来の見通し」の章抜きの批判となった。マルクスの批判のうち、経済理論的な部分は論点が多すぎるのでここでは除くとして、その批判の要旨をできるだけ簡単にまとめると次の通りである。

ミルの社会科学の方法は魂の抜けた折衷主義であり、調和されえないものを調和しようとして、ないものねだりをしている。ミルの半面の真理を調和する方法では、資本主義社会の資本と労働という基本矛盾を捉えて、剰余価値の秘密に迫ることができない。そしてミルは資本主義経済の生産関係を正しく把握し、資本主義における分配の不平等を認識しておりながら、市場競争と私有財産制度を自明の前提とするブルジョワ経済学の立場にたつとともに、唯物史観に基づく歴史観が欠如しているから、プロレタリアによる体制変革という労働者の歴史的使命を理解することができない。ミルは資本主義的生産関係を固定化して、人間の意志による分配関係の可変性だけで資本主義社会の矛盾の解決を図ろうとしている。ミルは労働者の窮乏化という歴史的に固有の社会問題を、人口原理という自然法則で解明しようという誤りを犯す。ミルは国会議員として労働階級のために闘ったが、ミルの社会改革の思想は保守的であり、ミルの思想と行動は矛盾に満ちている。すなわちミルの比較体制論で私有制と共産主義の最善の状態での比較による選択を主張するのでは、緊急課題の対策として問題の解決を図ることにはならない。ミルが労働者の教育を強調するのは、ミルが制度的に何らの矯正手段も見いだせないからである。ミルが定常状態論で社会改革の理想を描くのは、競争と私有制を前提とした保守的なブルジョワの立場で理論展開しているることを意味し、ミルが資本蓄積と人口増加が停止する状態の必然性をいうのは、現在の所有関係の破綻をミルが認めていることを示すものである。真の社会改革は土地の国有化と労働者アソシエーションを基礎とすべきであり、労働者はこの運動によってより高い人間性への目標に向けて邁進することであろう。

以上のようなマルクスのミル批判は、シュンペーターのいう通りミルの思想の核心をついて、両者の思想の異質性を浮き彫りにするとみられる。だが先にふれたように、マルクスのミル批判には、ミルの社会主義論の主要な二つの論文である「所有論」と「将来の見通し」の章のうち、「将来の見通し」の章が無視されている。マルクスがハリエットの存在を知っていたのかどうかは明らかではないが、エッカリウス論文にハリエットの生産者アソシエーションへの体制移行論が排除されたことによって、マルクスのミル批判はマルクス主義との対照を際立たせることになった。しかし逆にミルの立場からみると、マルクスの批判にはミルに対する無理解がある。経済思想、方法論、歴史観の三つの論点からマルクスに対する反論を試みることにしよう。

先ず、マルクスがいうように、ミルの経済学はブルジョワの代弁者の立場から、私有制を前提に分配論の領域だけで資本主義の矛盾を解決できるとしていたのであろうか？　ミルは「所有論」で人びとの知的道徳的水準が向上し、体制に関する知識が豊富となり両体制が最善の状態で比較できるようになるまでは、経済学が経済体制の問題を扱うのは難しいと判断した。それゆえ、この問題を扱えるまでの暫定期間の経済学の研究対象は、現体制であり、競争と私有制における経済現象に限られるという。つまり、ミルの『経済学原理』は、土地と資本の私有制を前提としているが、それは暫定期間の間にすぎないのである。ミルの経済学がブルジョワの立場に立っているというマルクスの指摘は、プロレタリア階級のみが体制変革の使命を果たすことができるというマルクス主義の立場からの指摘であるとしても、体制の問題を基本から検討しようというミルの社会哲学からみると、マルクスの批判は暫定期間の経済学に対する批判である。ミルの経済学を含む社会科学はより広い領域を射程にしている。

次に方法論の問題である。マルクスはミルが半面の真理を方法とする折衷主義によって、資本と労働という「調和しうべからざるものを調和しようとする試み」をしていると批判する。マルクスはミルの方法論を魂の抜けた折衷主義（Electicism）として批判し、ブルジョワ社会の解剖を目的とする経済学の方法は、弁証法的唯物論による方法でなければならないという。マルクスの弁証法は、存在の弁証法であり批判的で革命的である。それはヘーゲルの観念的な弁証法の中から合理的な中核を取り出して、唯物論的な立場から矛盾・対立を契機として、自然、社会を含む一切の存在を運動、発展の流れとして捉え、特定の歴史的形態が止揚されてより高い次元の形態に移行すると考える。それゆえ、マルクスの批判的・革命的な弁証法の立場からは資本主義における資本と労働という基本矛盾の調和はありえず、その解消は特定の歴史的形態を脱ぎ捨てることによってのみ可能なのである。

マルクスの「存在の弁証法」に対して、ミルの弁証法は「思考の弁証法」である。そしてマルクスの批判的で革命的な弁証法に対して、ミルの弁証法は革命的な方法を排除する弁証法であり、「半面の真理（the half truths）」の認識と総合を重視する弁証法である。ミルは半面の真理を総合する方法を「精神の訓練（Bildung）」とよび、この方法によって人間の精神と社会の進歩が促されるという。ミルの方法はベンサムの個人主義的方法論を批判的に継承して、半面の真理を総合する方法により、個性豊かな人間性と社会の調和を図ることができるかどうかを探る思考の論理である。経験主義の立場から経験によって裏付けるべき思考の論理は、事象に存在しうる真理の多様性を認め、その多様性の一部のみを認識したに過ぎないために起こる対立の和解を図るために、対立する半面の真理のすべてを総合して全体的に正しい真理に到達するような共通の地盤を見出す方法である。このようなミルの方法によれば、マルクスのように経験に先立って資本と労働の矛盾が止揚されて、次元の異なるまったく新しい体制へと変革されるという予測は、ありうることではあるが、未だ実証されない可能性の一つに過ぎず、このような一つの予測に固執するのは、社会事象の一面をみているにすぎない。ミルによれば、体制の選択に必要なことは、複数の体制の科学的な検討であり、資本と労働の矛盾が止揚されるのではなく、矛盾を和解する共通の地盤を模索する穏健で漸進的な解決があるかどうかが探られることになるのである。

最後にマルクスは、ミルの経済学が資本主義生産様式の歴史性を看過した誤りを犯しているのは、唯物史観のような動的な歴史観が欠如していることの帰結であるとしてミルを批判した。マルクスは人間が生きる生活諸過程は、人間の意志から独立した物質的生産力の発展段階に対応する生産関係を土台とする物質的生産様式によって制約されると考える。社会の物質的生産力は、その発展がある段階に達すると、既存の生産関係や所有関係と矛盾するようになり、この矛盾は歴史社会の革命的な変遷の原動力になる。マルクスによれば、近代ブルジョワ社会の解剖は唯物史観を導きの糸とする経済学の研究によってなされなければならないのであって、上部構造から歴史社会を説明してはならないのである。

ミルは動的な歴史観に強い関心を抱いていたが、ミルの歴史観はマルクスのように決定論的な歴史観ではない。ミルは一八三〇年ごろ、人類の歴史が自然の順序に従って漸進的に発展するというコントやサン・シモン派の動的な進化論的歴史観に感銘をうけこれを評価しながら、彼らの歴史観には、人間や歴史社会の多様性を見る視点が欠けていると批判した。ミルはコントやマルクスのように、歴史が一つの発展法則によって必然的に推移するのではなく、人間の能力や社会の発展とともに歴史は多様な法則によって支配されながら推移していくと考える。そして人間の精神の進歩の段階に応じて、さまざまな制度がありうるというミルは、マルクスのように、物質的生産力と生産関係を基礎とする経済的下部構造が歴史的発展の動力と考えるのではない。歴史の発展性は多様で複雑に構成されている人間と環境との間の作用と反作用との長い系列における法則性により蓋然性としてしか捉えられないとみる。ミルの課題は歴史法則によってもたらされる制度の雛形を求めるのではなく、人間の進歩の段階において、人間性を高めることのできる制度の選択を導き出しうる原理の探究にあったのである。

以上のように、ミルとマルクスの経済思想と歴史観の違いは、基本的には方法論と異質な哲学の帰結であることが明らかとなった。その背景には、イギリス経験論とドイツ哲学の伝統の違いがある。マルクスはミルを厳しく批判したが、前述のように、ミルの思想は二〇世紀の前半には正統派マルクス主義に対する修正主義の理論として、また後半には共産主義に対する自由主義の祖として、異なる立場から評価されてもてはやされたのである。ミルの思想の多様性からみて、さまざまな解釈がありミルの思想の一部が強調されるのはありうることではある。しかし思想史研究の領域で、もし研究者の思想的立場の相違から思想家の真意が誤解されるとしたら、それは好ましいことではない。研究者の解釈の何が問題なのか簡単にみることにしよう。

ミルの社会主義論の解釈で対立する異なる意見の代表者は、シュンペーターとロビンズである。

資本主義から社会主義への体制移行を述べるシュンペーターは、『資本主義・社会主義・民主主義』（1942）において、資本主義はその成功のゆえに崩壊するという仮説を立てている。シュンペーターはこの資本主義崩壊論の視点からミルの思想の中に資本主義から社会主義への体制移行の思想を読んでミルを進化論的社会主義者として捉え、『経済分析の歴史』（1954）において次のように述べる。

ミルの社会主義論は三段階に分類される。この分類からミルの思想の変遷をたどると、ミルが社会主義に対して批判的評価をのべた「遺稿」は、読者に対してミルの主張の逆の印象を与える恐れがあり、ミルの社会主義論の真意を語っていない。

第一段階でミルは、労働者大衆に対して常に同情し体制の問題に心を開いたが、サン・シモン主義などの空想的社会主義の弱点を看破し、彼らの社会改革の計画が麗しい夢にほかならないという結論に達した。

第二段階でミルは、究極の目標としての社会主義の明示的な承認を表明した。すなわち、「将来の見通し」の章（第3版）の序文でミルは、人間の進歩の究極的帰結とみなされている社会主義を決して軽蔑するものではなく、ミルが社会主義に対して反対論を述べた理由は、人類がまだ社会主義に対して準備ができていない状態にあるからである。そして「将来の見通し」（第3版）の章の追加された節では、序文における示唆よりはるかに進み、社会主義を明示的に承認した。

第三段階に至って、ミルは資本主義がその任務を果たし終える状態に近づき、進歩が速度を加え究極の目的がわれわれの視界の中に迫りつつあるように信じるようになった。だがミルは、社会経済の管理に伴う除きがたい困難を考慮して、革命的な社会の転換を拒否し、民主的で漸進的な改革を主張した。ミルの思想は「進化論的社会主義（Evolutionary Socialism）」にほかならず、三〇年後のドイツの修正主義（Revisionism）の指導者であるベルンシュタイン（Eduard Bernstein, 1850-1932）の思想と実質的に変わらないのである。

五　ミルの社会主義論に対する批評

以上のように、ミルを進化論的社会主義者として理解するシュンペーターは、ミルの社会主義論の主張を「将来の見通し」の章にあるとして、社会主義に対して多くの懸念を表明する「遺稿」は、読者に対してミルの真意を誤って理解させるものという。

シュンペーターの解釈に対し、新自由主義の立場にたつロビンズは、「遺稿」をミルの最終的な思想的立場の表明と解釈する。ロビンズはミルの社会主義論を比較体制論であると捉え、ミルは、あるべき社会制度の結論を未解決の問題として先送りしているという。

ロビンズはミルが社会制度の結論を先送りした理由について、ミルが人類の今後進むべき道に確信ある見通しを持てなかったからであるとして次のように述べる。

ミルは高潔ですぐれた知性の持ち主でありながら、社会の基本的土台について未解決のこととした。ミルは人類の進歩について信念をもちながら将来を懸念していたが、社会主義について多くの議論を展開したにも拘わらず、人類の進むべき道についてどの方向に行くべきかを示すことに確信がもてなかった。ミルの社会思想に対する研究者の間における当時から今日までのはなはだしい誤解は、ミルが体制の問題について多くを語りながら結論を先送りしていることの帰結である。

すなわち、ミルに対する誤解が生まれた原因の根源は、ミルが結論を未解決にしたことにより、幅広い解釈が生まれたことである。その中で誤った解釈を生む最大の原因をなすのは、『経済学原理』初版から第3版への変化をあまりにも積極的に解釈し、対照を過大視することにある。ミルの第3版の諸変化は、ミルがいかなる体制をも偏見なく捉える比較体制論の「開かれた心」にほかならない。ミルが、自分をハリエットとともに社会主義者という一般的呼称に入れられるものとした意味も、私有制を自明のものとせずにあらゆる制度を仮のものとする人びとともに、人類にとって幸せな体制を探ることを課題とする気持ちを語ったほどのことに過ぎないのである。

以上のようなシュンペーターとロビンズの異なる見解のいずれがミルの真意に近いのであろうか?

シュンペーターはミルの社会主義論を三段階に分けてミルを進化論的社会主義者と捉える。ミルは初めに空想的社会主義の欠陥を見抜き、次に社会主義を目指すべき制度の目標として認めたが、資本主義がその役割を終え、体制移行した後の社会経済の管理に伴う困難性を考慮して革命を拒否し、民主的で漸進的に改革する進化論的社会主義を唱えたという。シュンペーターのミル解釈は明快であり、ミルの著述を社会主義の立場から読み取るとすれば、部分的には理解できる論理ではある。しかしながら、多様性に富むミルの思想は、シュンペーターのミル解釈を含みつつも、より多くのことを語っている。ミルは社会主義の関心を抱く前にベンサム主義による社会改革を志し、父ミルやベンサムから教えられた功利主義、自由主義、経験主義の思想的立場を貫いている。そしてミルは社会主義を科学の研究対象としたが、ミルの言葉でいうアート(到達すべき目的)は最大幸福であって、アートに適うすぐれた制度が社会主義であるかどうかは未決である。ミルによれば、科学の領域で検討する体制の問題は、改善された資本主義と共産主義の理想を最善の状態で比較し選択するのであるから、目指すべきは人類の最大幸福であって社会主義ではない。よりよき制度が何かは科学の問題であって、人間の自由と自発性を最大限に発揮する制度であるかどうかを、実験や経験によって科学的に判断し選択できる材料を準備することが大切なのである。ミルの社会主義論が青年時代から晩年に至るまで、人間が自由を発揮し人間性を高める制度を探る思想の一貫性を認め、「所有論」、「将来の見通し」の章と「遺稿」の三論文は、ミルの方法論を含む思想の全体像から読むべきと考えられる。

ロビンズはミルの思想を比較体制論としてミルの思想の一貫性を認める。そして「遺稿」はミルの最終的な思想的立場であり、「将来の見通し」の章の変化をあまりにも重視するのは誤解のもとであるという。ミルの社会主義論が青年時代から晩年まで基本的に一貫しているのをみた我々は、ロビンズのミル解釈に同意する。しかしながら、ロビンズがいうように、ミルは人類の進むべき道に確信がもてなかったから、あるべき体制を未決の問題としたのであろうか？　ミルの社会主義論をミルの思想の全体像から読むとき、ミルが体制の問題を未決としたのは、ミル特有の根拠があることが明らかであった。ミルの方法論によれば、よりよき体制がいかなるものかという問題は、イデオロギーではなく科学の領域にある。ミルは経験論者であるから、資本主義がどこまで改善されるのか、あるいは共産主義が理想の制度として人間の自由を最大に発揮できる制度になりうるものか、科学的に実証されることなしには、判断することをしない。それは未解決の問題であり続ける。そして自由主義者であるミルは、人間と社会における矛盾の存在とその矛盾の解決への努力が発展のもとと考えるから、所有と制度の問題も絶えず光のあてられるべき未解決の問題となる。よりよい制度は人びとの知的道徳的水準が向上することを条件に、時と場所と環境にふさわしい制度を人民が選択する問題であり、そのための教育と社会改革は限りなく続けられるべきなのである。

六　ミルの思想から現代を考える

本章はミルの視角から現代をみるために、論証のない推測の領域での筆者の推論が学問の世界から逸脱するがお許しいただきたい。

ミルと現代を問う際にまず、前世紀の世界に大きな影響を与えたミルとマルクスは資本主義の成長期に資本主義の本質と矛盾を見抜いて、矛盾の解決を図った。人間の自由の実現は二人に共通の課題である。両者はこのような共通の課題をもつとはいえ、ミルとマルクスの思想と改革の構想は際立つ対照を示している。マルクスはミルを社会改革の敵とみなして、穏健で折衷的なミルの思想を批判し続けた。これに対し、ミルはマルクスを意識しなかったとはいえ、第一インターナショナルにおけるマルクス派をバクーニンやプルードンとともに過激な思想家たちとして一括りに「革命的社会主義者」のグループに入れて、ミルの社会主義論の対象から除外している。このように対立する二人ではあるが、彼らの提起した問題は時代の隔たりをこえて、現代社会を考える上で今なお重要であると思われるので、本題を論じる前に、マルクス主義の問題はどこにあるのか、ミルの視点かみてみることにしよう。

ミルとマルクスの思想の背景には、イギリス経験論とドイツ哲学の伝統の違いがあり、ミルとマルクスの社会改革の対立は方法論を含む異質な哲学の帰結であった。このように両者の違いが異質な哲学に根差すのであるなら、ミルとマルクスの思想と社会改革の対立は、このまま解消されずに終わってしまうのであろうか？

マルクスの思想的立場から、功利主義、自由主義、経験主義を思想的特色とするミルの思想に接近することは考えにくい。マルクスのミル批判で明らかなように、マルクスの哲学はミル的な総合を折衷主義として排除するからである。他方、ミルは資本主義の永続性を予見する一方で、人間の所有の観念の歴史的な可変性を認めて社会主義の可能性を探り、社会主義に科学的な論証を求めたのである。

マルクス主義がミルの思想を拒否する一方で、逆にミルの社会主義論はマルクス主義を包摂する許容性をもっている。ミルは人民による体制の選択は、資本主義の改善と理想的な共産主義の最善の状態での比較検討においてなされるとするのであるから、マルクス主義が理想の追求のために科学的に貢献するなら、それはミルの社会改革の延長線上にあり、ミルの目的に適うのである。ミルの文献からマルクスについての言及は全く見当たらないのであるが、もしミルがマルクス主義を知っていたと仮定するならば、ミルの社会主義論から判断してミルは次のような疑問をもったものと推定される。

① 資本と労働は和解不可能な矛盾ではなく、和解できる共通の基盤があるのではないか?

② 資本主義の崩壊と共産主義への体制移行は可能性としては認めるが、必然的に体制移行するとは限らない。資本主義は相当期間永続するだろう。人民が両体制の最善の状態で体制を選択する場合、共産主義が選択されるとは限らないのである。資本主義から新しい体制へと移行する場合は、可能な限り革命を排除し人民の選択によって決定がなされるべきであろう。

③ こう考えると、唯物史観が歴史法則を説明する仮説としていかに有効なのかが問題となる。唯物史観のほかに、作用と反作用とが複雑に絡み合う歴史社会の法則性を多面的に捉える科学の確立がのぞまれよう。

④　共産主義における勤労意欲は、利己心を基礎とする資本主義の労働者の勤労意欲を超えられるのか？　共産主義において異種労働の配分の問題がうまくいき、実質的な分配的平等が図られるのであろうか？　共産主義における中央集権、官僚制の弊害はいかに回避されうるのか？

⑤　社会改革のためには、人間性を高める教育が重視されるべきであり、制度改革と教育とは併行してなされないといけない。

⑥　共産主義において過剰管理がなく、人間の自由が完全に保証されるといえるのか？

以上のようなミルの思想からみたマルクス主義に対する疑問は、裏をかえせばミル自身の課題でもある。なぜなら、理論的にもまた現実的にも共産主義を理想といえる状態にすることはミルの社会主義論の課題であるからである。しかしながら、ミルとマルクスが活躍した一九世紀中葉から現在に目を転じる時、民主主義における大衆化と大衆に迎合する政治、多数の専制が自由と個性を妨げ、可能な限りの規制緩和を唱える新自由主義が国内外の所得格差を助長する一方で、一部の社会主義国にみられる中央集権化と官僚制、人権や自由の抑制など、資本主義が改善され共産主義が最善の方向に向かっているようには思われない。冷戦時代が終結した九〇年代以降の世界は、グローバル化が進展しＩＴをはじめとする科学技術が進化する中で、犯罪は止むことなくテロと戦争は途絶えることがない。これらの現象は、ミルが強調する人間性を高める教育が今なお不十分であり、またよりよき制度の選択がなされているとはいえないことを物語る。ミルとマルクスが今の世界をみたら、一五〇年前と同じことをいうのであろうか？　ミルは恐らく、一五〇年前に自分が懸念したことが現実におきているではないかというのかもしれない。ベルリンの壁がない今、ミルとマルクスの党派的な対立を離れて、二人の課題の原点に立ち返り問題を見直すことが重要性を増しているようである。社会主義論を中心にみたミルの思想から今の世界に何がいえるのか、政治・経済・社会の視点から推測してみることにしよう。

ミルは一八六五年から六八年まで下院議員として政治活動を行った。政治家としてのミルは、労働問題、女性の参政権、ジャマイカ問題やアイルランド問題など、貧困や民主主義の在り方、人権問題のために闘った。ミルが政治問題を扱う場合、直面する今の問題であっても長期的な視野と人間性の基本から判断し問題提起する。それにひきかえ、大衆に迎合し短期的な利益を優先する政治家が幅をきかせる現代は、人類社会が歴史的に好ましい方向に向かっているかどうか疑問である。恐らくミルは、国際化の大きな流れの中で国益を守ろうとする個別の問題に一定の理解は示すであろうが、大局的な見地からみて、アメリカの単独主義やイギリスのＥＵ離脱を疑問視するであろう。プラトンが私有財産制度に反対したのは、政治家に金と家族をもたせると、私益と目先の利益を優先して人民のためによい統治がなされないことを憂慮したのが発端であった。政治と金の問題は現代でも消えることなく続き、更に大企業を統治する有能な経営者が私欲のため不適切に巨額の報酬をえるという、統治者の倫理が低下しているのが現状である。しかしながら、プラトンやマルクスのいうように私有制を否定することによって問題を解決するのが最良の道なのだろうか？　ミルは制度の検討とともに人民に対する教育の両面から解決を図ることを主張した。ミルは政治が人民の知的道徳的な水準を反映するものと捉え、人民の資質が向上すれば政治の質も向上することを期待したのであった。

他方、一部の社会主義国にみられる中央集権、一党独裁、専制に対してミルは反対するであろう。ミルの主張する政治制度は代議制民主主義と地方自治の活用である。ミルによれば、中央政府の役割は重要であるとはいえ、中央からの過剰管理はよくない。政治は社会をよい方向に導く課題を負う一方で、人民の意志を反映するものでないといけない。社会は人民が人間性を高めて個性を発揮することにより発展するから、人民が自由に行動しさまざまな意見を述べる社会であるべきである。人民の意志をより身近に反映するためには、政府の基本方針を考慮しながらも地方自治に任せる方がきめ細かくやり易い。中央政府からの規制によって、人民の自由と自発性を十分に発揮するのに対して制限をかける政治制度は、人間の幸福にとってもまた社会の発展にとっても望ましくないのである。

ミルは共産主義の短所とともに、代議制民主主義の欠陥も憂慮していた。「多数の専制」の横暴である。多数決によってものごとが決定される民主主義社会では、否決された少数意見がたとえ正しくとも、葬りさられる危険性がある。殊に通信手段の発達した現代では、情報を握るマスコミが世論の形成に大きな力を発揮する。仮にマスコミが自社の営業成績を上げるために、大衆が好む報道を優先して、正しい少数意見を抹殺するとしたら、人民は間違った道を歩むように誘導されかねない。戦前のわが国の話ではあるが、新聞社が太平洋戦争に反対する記事をのせると新聞が売れなくなるために、ある時点から軍部に協力して、公平さを欠く論調に転換した例はこの典型であろう。こうしたことが影響して「戦争はやむをえない」、あるいは「戦争こそ日本を救う唯一の道だ」という世論が、戦争に反対する少数派を踏みにじって、国民を戦争へと誘導したとすれば、それは不幸なことである。民主主義に多数の専制が避けられないとすれば、情報を扱うマスコミの良識と情報を受け取る人々の知的道徳的水準を高め、情報を判断する能力を向上させることが重要なのである。

次に経済の問題である。ミルは今のアメリカの保護貿易政策について何というであろうか？　ミルはリカードの理論を継承して自由貿易論者である。自由貿易の利点は大きいのであるから、恐らくミルは、次のようにいうであろう。米中貿易摩擦にみられるアメリカの保護主義的な思想は好ましくない。中国に対する知的財産保護や産業補助金問題など、アメリカの要求に正当性はあるが、だからといって保護主義的な動きを強めるべきでない。アメリカは大幅な貿易赤字を保護貿易でなく、一方で輸出競争力を強化し、他方で輸入を抑制する経済構造の改善によって解決を図るべきである。輸出競争力の強化のためには、アメリカのすぐれた技術開発力を生かし、コスト競争力の強化を図らなければならない。そしてアメリカの貿易赤字の原因である巨額の輸入を減らす努力をしないといけない。第二次大戦後の日本はブレトンウッズ体制のもとで、貿易均衡を守るべく、常に輸出増と輸入削減の努力を続けてきた。現在の変動相場制のもとでは、世界経済の中でドルが基軸通貨の地位を保つ限り、アメリカは貿易政策に優位な地位にある。アメリカは貿易赤字が増えても、直ちに経済運営に困難をきたすことはないから、貿易均衡を保つよう自ら努力する意識は希薄である。しかしアメリカ経済の過剰消費に依存する体質では巨額の輸入を削減することは難しい。長期的にはアメリカ経済の構造改善が課題となろうが、当面アメリカは貿易黒字国に輸入関税をかけるのではなく、途上国の経済発展がアメリカの輸出増加をもたらして、自国を含めた関係国の利益に寄与するような政策を考えるべきであろう。

次にミルの所有論と定常状態論から今の経済に何がいえるのかを推測してみよう。先ずは経済成長と分配的正義の問題である。私有制と市場競争を基礎とする経済、すなわち資本主義経済は資本が優位に働くので、ピケティが論証を試みたように、長期的には経済格差は拡大する傾向がある。近年の余剰ドルのもたらす金融バブルやＩＴ技術の驚異的な発展はアメリカの一パーセント問題や途上国の貧困問題など国内外の経済格差を拡大させる方向に働く。更に一九八〇年代以降の格差拡大は、フリードマンをはじめとする新自由主義者の主張する限りなき規制緩和の思想によって助長されたと考えられる。ミルにおける社会改革の真の目的は、人間の自由と分配的正義が調和する状態に適するように、人類を教育することであった。ミルは自由を重視するとはいえ、経済格差を助長する自由放任主義には反対する。経済格差の拡大を適度に是正するために累進税などをはじめとする所得再分配は必要であろう。しかし他方で少子高齢化による医療費や社会保障費の膨張を国債の増発でまかない、負の遺産を残すことによって後の世代に負担が増えるのは避けなければなるまい。人口問題は過剰人口の弊害とともに少子高齢化もまた問題を生む。長期的な視野で人口問題に真剣に取り組むこと、そして自律的な健康管理の普及を広めて健康年齢を伸ばし、高齢になっても意欲的に働ける人間が増えるよう意識を高める教育と、高齢者も本人の能力と社会全体のバランスの許す範囲で働くことが可能な制度の改善を図るべきであろう。

ミルは定常状態論で経済成長主義と人間中心主義を批判した。景気がよくなり経済が豊かになるのは誰しものぞむことである。しかし経済成長主義に基づく景気刺激策によって、市場に過当競争がもたらされ、大衆の過剰な消費が煽られるならば、それは企業にとっても、また消費者にとっても望ましいことではない。長期的にみれば、地球上の天然資源、人口と資本の増加、科学技術の進歩にも一定の限度がある。成熟した資本主義経済は長期的にはミルのいう定常状態に近づく傾向にあることは避けられまい。欧米や日本など先進工業国の経済成長は、自国の経済に対する景気刺激よりむしろ、アジア、アフリカ、南米などの途上国の経済成長との相互依存関係によってもたらされることが期待される。それゆえ、米中貿易戦争による相互の関税引き上げによって貿易の縮小につながる政策をとることは、自ら経済成長の道を閉ざすことを意味する。

ミルは青年時代に、自然を賛美するロマン主義詩人ワーズワスの詩に感動し、それが精神の危機における精神の病を癒す薬となった。ミルが自然美を詠うワーズワスの詩に感動した背景には、フランス留学時代にピレネー山脈を歩き大自然の偉大さに心をうたれた経験がある。ミルは生涯自然を愛し、晩年には『昆虫記』で知られるファーブルと交友し、自然の調和と神秘さに関心をよせている。ミルは人間中心主義によって、開発が進み自然の調和が乱されるのを恐れる。人類は自然の中で生存しており、自然との調和に配慮してはじめて人類の生存が持続可能となる。しかし限りのない科学技術の発達と利益追求の意欲は、人類に豊富さと生活の革新をもたらす反面、自然と人類の調和を乱す懸念がある。一八世紀後半以降、産業革命によって世界経済は飛躍的な発展をとげたが、地球温暖化現象は世界経済の発展と相関関係を示すという研究が公表されている。バイオの研究が進み近代医学が驚異的に進歩して人類は長寿の記録を更新しているが、もし医療倫理が低い状態で医学の進歩が続くとすれば、人間的自然は失われることになろう。ＡＩ（人工知能）の開発は今後驚異的な発達をとげ、人類の社会生活を見違えるほどに変えていく可能性があるが、ＡＩを設計し実用化する人間の人間性が低いとすれば、人類と自然との調和を乱す方向に進む危険性があるのである。ミルは人間中心主義ではなく、科学に携わり経済を運営する人間が人間性を高め、自然との調和において人類が持続可能な歴史を歩むことを願ったのである。

最後に社会的な視点から、安全、教育そして人間の自由について、ミルが何をいうかを考えてみよう。

功利主義では人類の最大幸福のために「安全」を重視する。今世界は一万四五〇〇発の核弾頭を有しており、わずか数分間で地球が廃墟になる可能性があるといわれる。人類は安全についてミルの時代には想像もできない脅威にさらされている。ミルはその大半の保有国であるアメリカとロシアをはじめとして、世界の国々が合意せず核軍縮に向かうことのできない現代を嘆くであろう。人類の持続可能性を考えるなら、国同士が国益のために争い、戦争の危機を高める場合ではない。この点で平和憲法を有する日本は、世界平和に貢献する余地がある。また日本は自然災害が多いとはいえ、紛争の絶えない諸外国に比べて犯罪の少ない国であり、安全の視点からは比較的にすぐれている。しかしながら、原発事故による過去の教訓を完全に生かすことのできる保障のないうちに原発を再開し、人間の安全に対する危険と自然破壊への可能性を残すことは問題である。ウラン軽水炉が核兵器の基礎技術となるから、核抑止力として安全保障に役立つとの議論がある。しかしその議論を別途検討するとしても、安全なエネルギー問題はさらに追及しなければなるまい。ウラン軽水炉に替わる、より安全といわれるトリウム溶融塩炉の問題などを含めて、日本のエネルギー問題の将来について一層の議論を進めるべきである。

次にミルにとって教育の問題はよりよき体制選択のための条件であり、ミルは人類の将来のために教育をもっとも重視した。ミルの教育思想は幼児教育から高等教育まで教育全般におよぶが、父から継承した幼児教育の重要性、青春時代に悟った自己教育と精神の内的陶冶、大学における専門教育とリベラルアーツの主張はミルの思想の特性を表している。

父ミルは観念連合説に基づいてミルに幼児教育の実験を試みた。ミルが三歳のときからの英才教育である。観念連合説は大人の複雑な思想も幼児のときの印象に始まる単純な観念から出発した観念の蓄積と合成からなるという説である。父ミルはこの思想を医師で連想心理学の先駆者といわれるハートリ（David Hartley, 1705-57）から受容し、フランスの唯物論哲学者エルベシウス（Claude Adrien Helvétius, 1715-71）から幼児教育の重要性を学んで教育論を展開した。「三つ子の魂、百まで」といわれるが、人間が自己中心的な世界を脱して社会性を体得するのは幼児教育から始まる。幼児教育の先生は通常はまず母親が中心となるから、女性は幼児教育の成果を握る第一の鍵である。この場合の幼児教育とは幼児の時からのお稽古事ではない。乳幼児に対する母親の接し方がまず問題となる。母親が乳幼児に愛情をもって育て、社会性を教えるのは教育の出発点である。今の日本では、いじめ、ひきこもり、学級崩壊、少年犯罪、親による児童虐待など幼児教育をめぐる問題はさまざまで深刻である。このような状況を避けるべく、幼児教育を成功させるためには、教育を授ける親の人間性を高める教育がなされないといけない。我が国の偏差値教育は知識の習得を促すだけに止まらず、人間性を高める教育になっているのであろうか？　理解力や記憶の集積のほかに人間の創造力と道徳力を向上させる教育が求められるのである。

　ミルは人間性を高める教育として自己教育、精神の内的陶冶を重視していた。ミルは二〇歳のとき、自らの人生を否定するような精神の危機に悩んだ。ミルが精神の危機に悩んだのは父親の偏った幼児教育の帰結であった。父ミルの英才教育はミルを早熟の学者に育てあげた。ところがその教育は頭で考える知育が中心であり、意志力を強め感性を豊かにする全人格的な教育ではなかった。ミルは外で友達と遊ぶことも許されず、毎日父の書斎で知的訓練をうけたのである。ミルは父の観念連合説に基づきすべての事象を因果関係で分析する習慣が身についてしまい、意志や感性の能力は未開発のままであった。ミルは成人になった年にこのような自分の弱点を自覚し、偏った精神をもった自分を暗い気持ちで思い悩んだ。ミルを救ったのはマルモンテルの『回想録』であり、少年のマルモンテルが父の死に遭遇し一家が悲嘆にくれていたとき、突如霊感が湧き出て自分が一家を救おうと決意した一節を読んで、ミルは感動して涙を流した。ミルは少年の霊感に感動して涙を流す自分をみて、感情の泉が枯れていないことを知って、今までの悩みがうそのように消えたのを覚えたという。ミルはそれ以後、モーツァルトの音楽を聴き、ワーズワスの詩を読んで知性とは異なる感情の世界を模索するようになった。ミルは精神の危機によって人間における意志や感性の重要性を悟ったのである。ミルはこの能力の開発を「感情の陶冶(cultivation of feelings)」とよぶ。それは人間の頭脳では右脳の働きであろう。ミルは人から教えられる知育とともに自分の精神の内的陶冶によって感性を磨き意志力を強めることが人間性の向上と人間の幸福につながることを知った。ミルの言葉でいえば、感情の陶冶は「アート」の世界であり、それは自ら感じ考えて決意する自己教育であるから、その能力の開発は自分の頭で考える創造力の育成に役立つのである。

ミルの教育論の第三の特徴は、高等教育における科学教育と並ぶリベラルアーツの主張である。リベラルアーツ（liberal arts）は、中世ヨーロッパの大学にルーツをもち、専門教育に入る前に学ぶ語学、論理学、哲学、数学、音楽などの一般教養科目である。ミルの時代のイギリスでは、自然科学が発達した世の中で、実生活の「役に立たない」リベラルアーツ、なかでも古代ギリシャ語やラテン語は排除すべきであるという大学改革論がさかんに行われていた。これに対しミルは、科学と同様に古典学を学ぶ意義を強調する。ミル父子の師匠であるベンサムは、当時のイギリスで犯罪が後を絶たず社会問題が深刻なのは、近代における自然科学に比べて社会科学が未開発であり学問として未熟であることの帰結であると判断した。ベンサムは法律や経済学など社会に関する学問を科学として確立することによって、社会問題の解決を図ることが急務であると考えた。ミル父子はベンサムのこの思想を継承する。ミルは父からこの課題を受け継いで経済学の研究に向かうのであるが、それにもかかわらず、ミルは父やベンサムの思想にも不満があった。精神の危機を経験したミルは父とベンサムが人間性の一面だけを捉えることに反対する。ミルは父やベンサムの功利主義が、人間が苦痛を避けて快楽を求める存在としてみる思想の展開であるのは、彼らの人間性の把握が狭すぎるからであると批判する。ミルは人間の多様性を把握し、人間を全人格で捉えなければならないと考える。ミルは当時の自然科学に精通し近代の科学技術の発達を高く評価する一方で、高等教育におけるリベラルアーツの重要性を主張する。ミルが一八六七年にスコットランドのセントアンドリュース大学の名誉総長に推挙された時の就任講演でミルは、科学と古典学の学習の調和を力説している。ミルは科学技術がいかに発達しようとも、それを操作するのは人間であり人間が科学技術の利用の仕方を誤れば人類に不幸をもたらすかもしれない。銃の使用が犯罪を減らすことにはならず、ダイナマイトの発明が平和利用だけでなく、おおくの戦争や殺人を誘発するような例に示される。この議論は今の日本にも共通する大学の在り方に関するものであろう。大学は知識の習得とその応用力を高める専門教育の場であるだけでなく、これからの人生を歩む人間としての土台を築く場である。一般教養課程は専門教育の予備教育に止まらず、知的道徳的な教養を豊かにして人間性を高めるものでないといけない。そのためには「実生活の役にたたない学問」という観点から一般教養を排除するのは正しいとは思われない。AI（人口知能）をはじめとする科学技術の発達が人類の生活をいかに変えようとも、科学が進歩すればするほど科学技術を扱う人間の人間性の水準が高くないといけないのである。

ミルによれば、経済体制を選択するのは人民であり人民の民度が高くないとよい制度が選択されない。人民の知的道徳的水準を向上させるのは教育であるから、社会制度の改善には教育が重視される。他人に対して優越を競う出世主義を排し、精神の内的陶冶と教育によって人間性を高めることのできる社会がミルの理想である。日本における国民の知的道徳的水準は外国と比較すれば高い。識字率は高く社会的不正に対する道徳的感情は厳しい。明治以来の教育重視の思想が日本の国力の基礎を築いたものといえる。しかし更なる教育の重要性が強調されなければなるまい。近年の科学研究分野において日本は先端の研究論文でアメリカと中国に水をあけられている。その国際的地位は低下傾向にあり、日本の技術開発力の先行きが危惧されている。資源に乏しい日本では科学教育の重要性はいうまでもない。しかしながら、教育についてはミルのいう「アートと科学」が調和するものでないといけない。科学と調和するリベラルアーツの教育と精神の内的陶冶による知的道徳的水準の向上は、グローバル化し多様化する世界における日本の役割と進路を見失わないためにも、また日本における民主主義の質を高めるためにも大切なのである。国際社会における日本の役割は軍事的貢献ではない。日本の役割は技術力を基礎とする経済的貢献が主流となろうが、それとともにあらゆる分野における知的貢献がますます重要性を増すことと思われる。

最後に人間の自由の問題である。ミルによれば人間が自由であることは人類が発展するための不可欠の条件であるから、他者と社会に悪い影響を及ぼさない限り最大の自由が可能かどうかが体制選択の決め手となった。では現代の体制は真に人間の自由を許す制度といえるのであろうか？　ミルは共産主義において人間の自由が侵害されることを懸念した。ミルは「遺稿」で共産主義における「多数者における個性の圧縮（the compression of individuality by the majority）」の危険性を指摘する。ミルによれば、共産主義においては、私有制における物質的利害の争いに代わって、共産主義者が想像する以上に、管理における「優越（pre-eminence）と権勢（influence）のための争い」が激しくなる。共産主義においては、人民を管理する必要性が増すことにより、官僚組織が肥大化し組織の上層部にいる指導者層の権力が拡大し強化されて、人民の自由と個性が侵害をうける可能性を増す。それは共産主義の原理が内包する問題である。それとともに、共産主義においては各人が平等な発言権をもつのが建前であるから、集団の中の多数者の一般的な意見が優勢となり、少数意見を凌いで重要な取り決めがなされる。指導者層の公権力が強化されれば、正しい少数意見が社会に反映されるのはますます困難になるというのである。

人間の自由については、ミルはこのように共産主義に対して厳しいが、今の中国、ロシア、北朝鮮をはじめとする共産主義を指向する国々の現状は、この困難をいかに乗り越えようとしているのであろうか？　あるいは、ミルの考えは正しくないという立場にたって政策をすすめているのかもしれない。その場合、人間の自由が制限されようとも、個人の努力によって人間性を高めることができるのであり、人民の自由が制限されても社会は進歩する。国家の秩序維持は人間の自由に優先する。天安門事件に対する当局の対応は、国の安全のために当然の処置とみなされる。経済の市場化により、人びとの自由な経済活動の範囲は拡大し、官僚制の弊害は殆どみられない。ミルの共産主義に対する懸念はまったくの杞憂にすぎないと現状を肯定するのは容易である。だが人間の自由の実現は、社会主義者が師と仰ぐマルクスの課題でもあり、ミルとマルクスにとっては自由が制限されるのは好ましいことではなかった。

ミルは共産主義を含むアソシエーションの実験によって共産主義が人間の最大の自由を許す理想の体制であるかどうかを明らかにすべきであると主張した。この実験は、中央集権を排し民主主義を前提とした上での経験的な立証を求めるものであった。そして共産主義と資本主義の最善の状態で両体制を比較するのを課題とするミルは、民主的で人民の自由が認められている社会でも、共産主義の実験は可能であると考えていた。もし現在の社会主義国が、ミルの体制比較の前提の条件を満たしていないとすれば、ミルの規準からすれば、これらの国々は共産主義の理想の追求を怠っていると解釈することができる。ミルの思想に従えば、現在の社会主義国は共産主義の理想のための一層の努力がのぞまれるのである。

他方、ミルの思想からみて今の資本主義社会は人間の自由を十分に発揮できる体制といえるのであろうか？　ミルは平等のために自由を犠牲にする制度には反対するが、その一方で人民の自由を獲得するために分配的正義を目指す社会主義者と目標を同じくする。それ故、ピケティが論証を試みたように、現代の資本主義社会で貧富の格差が広がる社会は、人類の最大幸福に逆行するとみられる。自由主義が支配的となって形式的な自由が認められているとはいえ、経済的な理由で人民が自由を享受できないのなら、その社会は実質的な自由が欠如している状況にある。更に民主主義社会には固有の自由の問題があった。ミルは哲学的急進派のリーダーとして自由主義と民主主義のために闘ってきた。しかしミルに民主主義が人間の自由を制限することを教えたのは、フランスの思想家トクヴィルであった。トクヴィルは、フランス七月革命の翌年一八三一年に九ヶ月にわたって、フランス政府から官吏としてアメリカに渡った。彼はアメリカの民主主義が果たして人間の自由と両立しているのかどうかという問題関心のもとにフランスと比較して、見聞の集大成を著したのが、『アメリカの民主主義』（1835, 1840）である。ミルはこの著書からアメリカにおける地方自治の重要性とともに、民主主義における「多数の専制（the tyranny of the majority）」を学んだ。ミルはトクヴィルのアメリカ社会の観察から経験的にえられた制度比較の情報を高く評価して、人間の自由の観点から民主主義という政治制度の長所と欠点を真剣に考える。ミルはトクヴィルの著書の書評を著し、民主主義が個人の自由を侵害する恐れのある「多数の専制」の危険性を有していること、そして民主主義において個人が大衆に埋没し個性が喪失されていることについて詳しく紹介する。民主主義は人民が主権者であり、多数決で重要な決定がなされる。多数が少数より優位にあるから、仮に多数者の意見が正しくない場合でも、正しい少数者の意見は抹殺される恐れがある。そしてミルは書評を書いた翌年、「文明論」（1836）で民主主義が普及し中産階級が支配的となる高度の文明社会では、人びとの関心が金銭に集中するとともに、個人が大衆の中に埋没して多様性を失ってしまう危険性があることを議論する。トクヴィルから示唆を受けたミルは今から一世紀半以上も前から、現代に通じる大衆社会論を問題にしていたのである。

大衆に迎合する政治、個性的な生徒に対するいじめ、マスコミが大衆を誘導しその大衆によって形成される世論、視聴率を上げる番組に追われるテレビ、内容よりも売れる本を優先して出版するマスコミ、流行や売れ筋に弱い消費者など、商業主義が拍車をかけて、今に至っています。ミルの議論は古いどころか、多数の専制が至る所でその本性をあらわしている現在にこそ、読まれるべきものなのです。

日本においては「和を以て貴しと為す」という和の文化がある。ミルは日本文化と人間の自由との関係をどのように考えるのであろうか？　全体の調和を重視しようとすれば、何らかの事情によって自由や個性を抑制せざるをえないのかもしれない。個人の自由と全体の調和は矛盾する可能性がある。しかしながら、ミルは自由を尊重しつつも自由放任には反対であり、アリストテレスのいう「中庸の徳」が人間社会に役立つことも知っている。我が国において、和の文化を守りつつ個人の自由と自発性を発揮できる道を探ることができるならば、それは日本に特有の国民性として評価されよう。

ミルは社会主義における官僚制による自由への圧迫を懸念した。しかし資本主義においても、その改善の度合いに応じて官僚制は整備され、ＩＴの飛躍的な発達は、あらゆる領域の情報が集約される管理社会へと歩むことになる。官僚制の進展とＩＴの飛躍的な発達は、社会における過剰管理をもたらし、自由な個性を発揮する領域を狭める懸念が増大する。個人情報が官僚や警察、あるいは大手のＩＴ企業によって把握されるのが容易となり、個人が他人によって干渉されえない自由な領域はますます狭くなっていくことが考えられる。しかしながら、科学や制度のいずれにしても、それらを生み、育て、扱うのは人間である。科学や制度を扱う人間の人間性が高く、利用の仕方を誤らなければ、人間の自由が失われることがないことを期待したい。問題は人類の最大幸福を目指して、人びとの知的道徳的水準を高める教育が重要であるというミルの原点に戻ることになる。

ミルは「半面の真理」の方法を信条として、人間の実践の論理に「アートと科学」の調和をみた。ミルは実践の論理の社会への応用のため、人間性の向上（アート）と制度改革（科学）の両面から解決の道を探った。科学技術の進歩が人びとの生活スタイルに変化をもたらし、多忙な日々に明け暮れるわれわれではあるが、歴史に学び、精神を陶冶して現在の自分と社会を反省することによって改善を図ることがいかに大切なことか、人間と社会の多様性を認めて自由主義を貫きながら、体制の理想を追求したミルの社会主義論には多くの教訓が示唆されているとみられるのである。

あとがき

本書の基となった、二〇一四年に出版された筆者の学位論文『J・S・ミルの社会主義論――体制論の倫理と科学』(御茶の水書房)は、大部にて専門外の読者には読みにくい。そしてミルの思想は面白く現代性をもっているようにみられるにもかかわらず、一般に広く読まれていないのは専門家に責任があるのではないか、というような声がきかれた。そこで筆者は、一般のかたがたにも、ミルの思想に関心をもっていただくことを目的として本書を執筆した。このため、できるだけ平易な文章を心掛けたが、「観念連合」、「アートと科学」、「定常状態」など、ミルの思想の鍵となる用語は使わざるをえなかった。本書の説明は簡略化され、出典や引用分の出所は全部省略されているので、疑問や更なる関心のある方は弊著『J・S・ミルの社会主義論』をご参照いただきたい。本書によってミルの思想に対する関心をもつ方が増え、もし現代の抱える問題に対する何らかのヒントがえられた方がおられるとすれば、この本の目的は達せられたことになる。

二〇一九年一一月

安井 俊一

著者紹介

安井俊一　（やすい しゅんいち）

慶應義塾大学博士（経済学）。

1936年11月23日　茨城県結城市の酒造家に生まれる。

1961年　慶應義塾大学大学院経済学研究科修士課程修了。

同　年　東洋レーヨン（現東レ）株式会社入社。経済調査、輸出販売、海外事業、フランクフルト大学留学、国際財務、シンガポール勤務、東レグラサル（現東レ ACE）役員を歴任。

2004年　慶應義塾大学大学院経済学研究科後期博士課程修了。

同　年　大月市立大月短期大学非常勤講師。

2016年　学位授与。

著書　『J.S. ミルの社会主義論――体制論の倫理と科学』御茶の水書房、2014年10月。

論文　「J.S. ミルとハリエット・テイラー」『三田学会雑誌』96-1, 2003年。

「オウエン・トンプソン・J.S. ミル――ヴィクトリア時代のアソシエーション論」有江大介編著『J.S. ミルとヴィクトリア時代の思潮』三和書籍、2013年。

「J.S. ミルの社会主義論とマルクス」『三田学会雑誌』112-1, 2019年。

趣味　囲碁とテニス。

J.S.ミル社会主義論《しゃかいしゅぎろん》の展開《てんかい》

――所有《しょゆう》と制度《せいど》、そして現代《げんだい》

2019年12月10日　第1版第1刷発行

著　者　安 井 俊 一

発行者　橋 本 盛 作

発行所　株式会社御茶の水書房

〒113-0033　東京都文京区本郷5-30-20

電話 03-5684-0751

FAX 03-5684-0753

Printed in Japan

印刷・製本：モリモト印刷株式会社

ISBN978-4-275-02119-9　C1012